한국지형의 풍수 혈(穴) 사상(四象)

한국지형의 풍수 혈(穴) 사상(四象)

허영훈 지음

기록연

머리말

　풍수지리는 중국에서 이론체계가 성립되어 동아시아 여러 나라로 전파된 것으로 알려져 있다. 그래서 나라마다 풍토가 다른데도 불구하고 중국의 풍수 고전 이론이 우리나라 지형에 그대로 적용되는 것이 현실이다. 그리고 풍수에서는 혈이 가장 중요하다는 점을 강조하고 있으면서도 혈증 위주의 미시적 관법보다는 사신사 위주로 살피는 거시적 관법이 주류를 이룬다.

　예를 하나 들어보면, 풍수의 백과사전이라고 하는 중국의 풍수 고전 『인자수지』에서는 혈을 정하거나 증명하는 방법, 즉 혈을 찾는 심혈 방법으로 정혈법 17가지와 증혈법 10가지를 합해서 총 27종류를 소개하고 있다. 이를 미시적 심혈법과 거시적 심혈법으로 구분해서 접근해볼 수 있는데 몇 가지를 빼고는 대부분 거시적 심혈법이다.

　혈은 혈의 증거가 되는 한두 평 정도의 범위에서 나타나는 작은 혈증으로 찾아야 하는데 너무 크게 보다 보니 제대로 된 진혈을 찾을 수가 없다. 그러므로 중국의 고전에만 전적으로 의존할 것이 아니라 한국의 지형에 맞는 혈 이론을 정립할 필요성이 제기되고 있다.

이에 필자는 현장 답산 스승이자 풍수지리학 박사과정 선배인 동방문화대학원대학교 풍수지리학(정혈학) 박사 1호 이재영 박사와 함께 2019년 계명대학교 한국학연구원『한국학논집(등재지)』제76집에 "한국지형에서의 혈(穴) 사상(四象) 분석"이라는 제목으로 논문을 발표한 바 있다.

그리고 2021년 2월 9일부터 인터넷 네이버 카페 "백년풍수지리연구소"를 통하여 이 책자 발행일 현재까지 약 3년간 우리나라 지형에 맞는 풍수 이론을 비롯하여 땅을 읽는 방법인 답산의 기술, 그리고 답산 후 그 답산평을 기록한 답산록 등 약

1,000건에 달하는 글을 올린 바 있다. 그동안 발품을 팔아가면서 연구한 논문이나 카페에 올린 글을 썩히기 아까워서 해당 논문과 인터넷 카페의 혈 사상과 관련된 글을 발췌하여 책으로 엮게 되었다.

아무래도 유사한 글이 여기저기 산재해 있으면 단편적인 지식밖에 습득할 수 없고 서로 연결성이 떨어지므로 하나의 통합된 공간이 필요하였다. 특히 우리나라의 화장률은 지역에 따라 차이가 있겠지만 90% 이상인 것으로 보고 있다. 일부 풍수학자는 화장률이 높아지면 높아질수록 음택 이론은 더 이상 설 자리가 없다고 하면서 양택 위주의 풍수 이론체계로 전환되어야 한다는 의견도 제시하고 있다.

풍수의 요체는 혈이라고 했는데 혈을 모르고서는 양택 이론도 존재할 수 없다. 이러한 때에 오랜 기간 현장 경험을 바탕으로 풍수 혈과 관련된 이론서를 꼭 출간하고 싶었다. 이 책은 위에서 언급한 해당 논문의 내용을 기본 골격으로 하되 논문 발표 이후 현장 답산 과정에서 새롭게 발견된 특이점 등을 추가로 반영하였으며, 논문의 미비하고 부족한 부분에 대하여는 수정 보완하였다.

    이 책의 구성을 살펴보면 제1장에서는 풍수 고전에 제시된 이론을 가지고 우리나라 땅에 그대로 적용하였을 경우 고전이론과 현장의 괴리현상이 발생함에 따른 문제점을 제기하고 연구의 목적이나 연구 방법론 등을 설명하였다. 제2장, 제3장, 제4장에서는 혈과 혈의 사상과 관련된 이론적 배경에 대하여 설명하였다. 제5장에서는 한국지형에서의 실사례를 가지고 혈 사상의 결혈 원리와 결혈 조건 등을 분석하였다. 제6장에서는 혈 사상에 관한 연구 결과를 토대로 혈장의 요소를 재구성함과 동시에 혈 사상별 혈장 요소의 특징을 정리해 보았다. 그리고 제7

장의 결론에서는 연구의 결과를 함축하고 연구의 중요성과 의의를 제시하였다. 아울러 향후 연구 과제에 대해서도 제시하였다.

중국의 풍수 고전에서는 대체로 혈은 와혈, 겸혈, 유혈, 돌혈 네 가지 형태, 즉 사상으로 구분하고 있다. 그러므로 한국의 지형에서 결혈되는 혈의 유형도 사상으로 구분하여 분석하고, 그 혈의 사상별 구조와 특징을 찾는 데 연구의 초점을 두었다. 한국지형에 대한 혈 사상별 혈장 구조와 혈의 생성원리 등을 분석한 결과 중국 풍수 고전의 이론과 일치하지 않는 부분이 많이 나타났다. 그래서 이 책은 현장 답산을 근거로 실제 우리나라 지형에 맞는 혈의 사상을 구분하고 혈의 구조와 생성원리를 밝혔다는데 의의를 찾을 수 있다.

이 책에 나와 있는 혈의 사상별 결혈 조건이나 혈형대로 살피지 않으면 우리 땅을 제대로 읽을 수 없다. 그러므로 이 책이 풍수 답산을 다닐 때 늘 옆에 끼고 다니는 안내서 역할을 할 것으로 기대한다. 그리고 중국의 풍수 고전에서 제시한 이론을 모두 수용할 게 아니라 우리나라 지형에 맞는 풍수 이론체계를 갖추어 나가는데 이 책이 미력하나마 디딤돌 역할을 했으면 하는 바람이다.

2024년 2월
허영훈

목차

머리말 ··· 4

제1장 문제의 제기 ······································· 15

제2장 풍수고전의 혈 형태와 구조
    1. 혈의 형태 ·· 37
    2. 혈의 구조 ·· 43

제3장 혈의 음양과 사상 구분
    1. 혈의 음양 구분 ···································· 61
    2. 혈의 사상 구분 ···································· 70

제4장 혈의 크기와 혈성
    1. 혈의 크기 ·· 81
    2. 혈성 ·· 96

제5장 한국지형의 혈 사상 분석

1. 와혈의 혈장 분석 · · · · · · · · · · · · · · · · · 114
2. 겸혈의 혈장 분석 · · · · · · · · · · · · · · · · · 119
3. 유혈의 혈장 분석 · · · · · · · · · · · · · · · · · 123
4. 돌혈의 혈장 분석 · · · · · · · · · · · · · · · · · 132
5. 혈 사상 종합분석 · · · · · · · · · · · · · · · · · 138

제6장 혈 사상별 혈장 재구성

1. 개요 · 165
2. 입수 · 171
3. 선익 · 175
4. 전순 · 185
5. 당판 · 193
6. 보조사 · 200

제7장 결론 · 215

제1장

문제의 제기

우리나라의 풍수 기원은 고유 자생풍수가 있었다는 자생발생설[1]과 중국으로부터 도입되었다는 중국도입설이 있다. 최창조는 우리 민족 고유의 지리사상이 자생풍수이며, 신라 말에 자생풍수를 도선국사가 정리하고 중국으로부터 유입된 이론 풍수를 우리 풍토에 적합하게 조합하여 이루어 놓은 것이 도선풍수로서 이 도선풍수가 바로 우리의 풍수라고 하였다.

그리고 중국 풍수는 다른 곳에서 만들어진 땅의 이치라서 우리 땅에 맞지 않으며, 자생풍수가 우리의 풍토에 맞는데 풍토 적응성이 양호한 반면에 이론화나 체계화를 할 수 없다는 결정적 단점이 있음을 지적하고 있다.

---

1) 최창조(2011), 『한국의 자생풍수Ⅰ』. 민음사. 6쪽. 41~42쪽.

그렇지만 풍수사상(風水思想)은 대체로 중국으로부터 문헌이 전래되면서 유입된 것으로 알려져 있다. 그래서 풍수의 이론적 연구는 주로 중국의 풍수 고전을 중심으로 이루어지고 있다.

특히 중국 명나라 때 저술된 『인자수지(人子須知)』는 실제 현장 답산 사례를 비롯하여 풍수 최고 경전인 『청오경(靑烏經)』등 그 당시 시중에 돌아다니던 각종 풍수서의 이론을 인용하여 집대성한 풍수지리학의 백과사전이라 할 수 있다. 오늘날에 와서도 우리나라 대부분의 풍수 서적은 『인자수지』의 이론적 체계를 따르고 있음을 볼 수 있다. 이에 비하여 과거 우리나라에서 저술된 풍수 서적은 중국과 비교 시 학문적인 논리체계를 갖추지 못하고 전국을 답산하고 기록한 산수도, 유산록, 비결록 등이 주류를 이루고 있다.

『인자수지』에서는 혈형이 와겸유돌(窩鉗乳突)의 사격과 그 변격 등 매우 복잡한 형태로 존재하고 있기 때문에 온갖 사물형상의 형태가 아니라 양균송의 사상(四象)인 와겸유돌의 형태로 한다고 정의하고 있다.[2]

---

[2] 『人子須知』,「穴法總論」, "一曰穴形非百物形象之形 而取夫楊筠松四象窩鉗乳突之形."

자연에서 결혈되는 혈의 종류는 그 수를 헤아릴 수도 없을 정도로 매우 다양하지만 음양론(陰陽論)에 따라 사상(四象)의 개념으로 정리하고 있다. 또한 혈 사상인 와겸유돌혈의 모양에 대해서도 그림으로 설명하고 있다.

중국과 우리 땅은 지형이 완전히 일치하지 않으므로 과연 『인자수지』에서 정하는 혈 사상 이론에 관한 내용이 그대로 적용될 수 있는지 의문이 제기될 수밖에 없다. 풍수지리가 중국의 영향을 받아 동아시아 각국으로 전파되었다고는 하지만 그 나라의 풍토에 따라 달리 적용할 여지가 있기 때문이다.

게다가 『인자수지』의 본문 내용에 그림으로 보여주는 사상별 혈장(穴場)의 모양 역시 다소 모호한 것도 사실이다. 즉 혈장 좌우를 둘러싸고 있는 사(砂)가 청룡(靑龍)과 백호(白虎)인지 아니면 혈장의 구성요소 중의 하나인 선익(蟬翼)인지에 대한 의문이 제기된다. 『인자수지』에는 혈의 사상(와혈, 겸혈, 유혈, 돌혈)을 그림으로 그려서 눈으로는 이해를 돕고 있으나 혈의 구성요소나 결혈 조건 또는 결혈 원리 등에 대한 설명이 없다. 다른 고전 역시 아무리 뒤져 보아도 속 시원하게 설명해 주지 않아 답답하기는 마찬가지다.

혈장의 요소를 판단함에 있어 중요한 것 중의 하나가 선익이다. 아래의 그림과 같이 『인자수지』의 혈상도(穴象圖)로 보아서는 혈심을 감싸고 있는 와혈과 유혈의 양쪽 팔(砂)이 좌우 선익인지 아니면 청룡과 백호인지 알 수 없다. 이것의 구분 실익은 혈의 몸체에 붙어 있는 선익이냐 아니면 주변 사신사(四神砂)를 구성하는 청룡과 백호이냐에 따라 혈의 형태나 구성요소 등이 완전히 달라지기 때문이다.

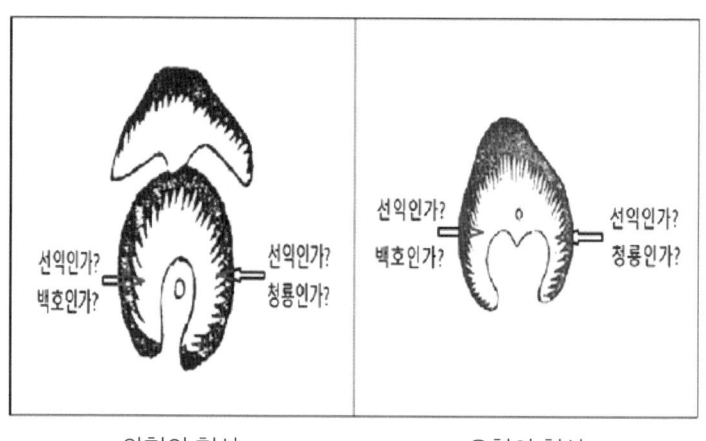

와혈의 혈상   유혈의 혈상

그림1. 와혈과 유혈 혈상도(출처:『인자수지』)

그런데도 그동안 우리는 이 부분을 간과하고 아무런 문제를 제기하지 않았다. 『인자수지』가 풍수의 바이블로 여길 정도로 신봉되고, 현대의 풍수 이론체계 역시 이 책의 틀에서 벗어나지 못해서 그런 게 아닌가 하는 생각도 해본다. 그저 옛사람들, 그것도 풍수의 발생지인 중국에서 활동하였던 유명 풍수 전문가들이 수십 년간 산천을 돌아다니면서 검증한 것이라 믿고 그냥 수용해 버린 것이 아닌가 하는 의문을 제기해 본다.

이론은 이론이라고 치더라도 중국은 우리나라와 비교도 안 될 정도로 땅이 커서 분명 우리 지형과 다른 부분도 많이 나타날 것이다. 그렇다면 중국의 이론을 그대로 현장에 끼워 맞추듯이 적용할 게 아니라 일일이 검증해 보아야 한다. 필자가 오랜 기간 중국 풍수 고전에서 설명하는 혈(穴) 사상(四象) 이론을 우리나라 지형에 적용해 본 결과 중국 고전의 이론이 맞아떨어지지는 않았다.

중국의 고전이론과 실제 현장과의 괴리현상이 발생하는 원인을 나름대로 몇 가지 찾았다. 그 원인을 살펴보면, 첫째, 중국의 풍수 고전에서 제시된 혈의 사상과 한국지형에서의 혈의 사상은 다른 형태로 나타난다는 것이다. 중국에 직접 가서 전체 중국 지형을 살펴보지 않아서 어떤지 모르겠으나 일단 고전에 나와 있는 이론만을 기지고 적용해 본 결과 이론과 실제가 일치하지 않았다.

둘째, 중국 풍수 고전의 정혈(定穴) 이론은 혈증(穴證) 위주의 미시적인 접근보다는 국세를 중시하는 거시적 관법으로 접근하고 있다는 것이다. 이러한 영향을 받아서 그런지 조선시대의 왕릉이나 사대부 묘의 경우 혈의 크기는 고려하지 않은 채 사신사 위주로 혈을 정함에 따라 묘역을 크게 조성하였다. 그리고 대다수 풍수사들도 거시적 관법으로 땅을 살피고 있다.

셋째, 조심스럽긴 하지만 『인자수지』가 저술된 그 당시(명나라) 혈의 생성원리를 정확하게 알고 있었냐는 문제이다. 예를 들어 현대 풍수 이론에서는 전순은 혈장을 구성하는 오악(五嶽)의 요소로 보고 있는데 『인자수지』의 혈상도에는 전순이 나타나지 않는다. 물론 동 서적에 순전증혈(脣氈証穴)이라는 증혈법에서 혈 아래의 여기를 전순이라고는 언급하고 있지만 위의 혈상도에서 보는 바와 같이 전순이 표시되어 있지 않다. 전순이 없는 경우 지표면의 물이 앞으로 넘어가기 때문에 설기가 된다. 전순이 있어야 혈장의 물이 합수(合水)가 된다. 게다가 혈장을 구성하는 각각의 요소에 대한 설명 역시 없다. 그러다 보니 현장 답사는 혈 자체를 살피기보다는 쉽게 눈에 띄는 사신사 위주로 살피는 것이 아닌가 싶다.

국내에 풍수와 관련된 많은 연구 성과가 발표되고 있지만 주로 사신사 위주의 거시적인 풍수 입지 연구가 대부분인 점은 이와 무관치 않다. 양기(陽基)의 경우 전통마을, 읍성, 도읍 또는 현대 도시, 양택(陽宅)은 고택, 사찰(폐사지 포함), 행궁 및 왕궁, 유명인 생가, 음택(陰宅)은 왕릉 등이 주요 연구 대상이 되고 있다. 풍수에서 혈이 가장 중요하다는 점을 강조하고 있음에도 불구하고 민묘와 같은 작은 음택의 혈장 자체에 관한 연구는 상대적으로 부족하다.

혈을 해석하려는 주요 선행연구 동향을 살펴보면, 박정해[3]는 혈의 정의와 정립 과정, 혈 형상의 구성과 분류, 혈법의 역사적 전개 과정에 관하여 연구하였다. 다만, 이 연구는 현장이 고려되지 않고 중국의 풍수 고전에 근거한 문헌 고찰을 중심으로 이루어졌다.

---

3) 박정해(2015), "풍수 혈의 형상과 이론의 역사적 전개, -문헌고찰을 중심으로-", 『한국학연구』제55집, 고려대학교 한국학연구소

현장 사례를 통해 혈을 해석하려는 시도는 박대윤의 연구[4]가 눈에 띈다. 그의 연구에서는 혈장의 구조를 구체적으로 제시하였으며, 연구 사례지를 와겸유돌 사상으로 평가하였다.

특히 와겸유돌 사상 혈 모두가 유사한 형태의 선익을 갖추고 있는 것으로 보았다. 다시 말하면 혈의 4가지 형태 모두 거의 동일한 혈장 구조를 가진다는 것을 의미한다. 아울러 사찰처럼 규모가 큰 건물이나 그 터 주위에 선익이 존재하는 것으로 보고 혈장을 분석하였는데 혈장의 규모를 아주 크게 보았다.

그의 연구에서 혈장의 구비조건은 입수두뇌, 청룡선익, 백호선익, 전순 등 4가지이며, 이 4가지를 혈장사신사(穴場四神砂)라고 하였다. 현무, 청룡, 백호, 안산이 있는 국사신사(局四神砂)의 축소판이며, 조선 국왕의 태봉 22기는 모두 돌혈로서 혈장사신사를 갖추고 있는 것으로 평가하고 있다.

그리고 혈의 사상인 와겸유돌 중 석굴암은 유혈, 불국사는 겸혈, 황룡사지는 와혈에 해당이 되며, 혈장을 구성하는 혈장사

---

[4] 박대윤(2012), "조선시대 국왕태봉의 풍수적 특성 연구". 『한국문화』 제59집. 서울대규장각한국학연구원, 박대윤(2016), "세계유산 경주 불교유적의 풍수적 특성 연구,-석굴암, 불국사, 황룡사지를 중심으로 -". 『역사와 경계』제101집, 부산경남사학회

신사는 승금이 입수두뇌, 인목은 좌우선익, 상수는 전순으로 보고 있다. 사찰처럼 규모가 큰 양택도 혈 사상으로 분류하였다.

풍수 고전에서 혈의 크기와 관련된 내용을 살펴보면, 지형에 따라 그 크기가 달라질 수는 있지만 생기가 응결된 곳이어서 무한대로 늘어나는 것이 아니다. 혈은 크기는 일정 범위로 한정된다. 결론부터 이야기하면 혈의 크기는 불과 1평[5] 정도에 불과하다. 혈장은 이보다 클 수 있지만 혈의 중심이 되는 당판(當坂), 즉 혈심(穴心)이 1평 규모라는 것이다.

『장서(葬書)』「내편(內篇)」의 사고전서본의 주석에서는 혈의 크기는 다섯 자 정도로 보고 있으며, 『人子須知』「穴證」에서는 소명당은 누울 정도의 범위이며, 동 서적의 「穴法」편에서는 팔 척 정도를 혈의 크기로 보고 있다.

또한 『地理五訣』「穴訣倂言」에서도 역시 혈의 크기를 팔 척 정도로 보고 있음에 따라 혈의 크기는 대체적으로 사람이 누

---

5) 1평이라는 것은 혈의 구성요소 중에서 당판, 즉 혈심 부분만을 말하는 것이다. 당판을 비롯하여 입수, 좌우선익, 전순이 포함된 것은 범위가 확대된 혈장(穴場)의 개념이다.

울 정도 즉 8척(현재 기준으로 1척은 30.3cm이지만 당시 중국의 도량형으로는 1척의 길이는 23cm이므로 약 180cm) 정도로 보고 있다.

「雪心賦辯訛正解(설심부변와정해)』에서는 양지는 일편(一片), 음지는 일선(一線)이라고 하여 음양택 혈의 크기가 차이는 있을 수 있지만 그 크기는 일정한 범위로 축소될 수밖에 없다. 혈의 크기와 관련하여서는 별도의 장에서 다시 한번 상세히 다루기로 한다.

필자는 횡룡입수의 유형별 결혈 특성[6]이라는 연구를 통하여 용(龍)이 진행을 하다가 90도 정도 횡락(橫落)하여 내려와 횡룡입수혈(橫龍入首穴)을 결지(結地)한 경우 좌우에 선익사(蟬翼砂)가 생성되어 있으면 혈의 사상 중 와혈로 평가하였다. 통상 우묵하게 들어간 곳을 와혈이라고 판단하고 있지만 좌우에 선익이 존재하면 이것을 와혈로 본다. 좌우의 선익이 둥글게 당판을 감싸고 있는 형태가 와혈의 모양이기 때문이다. 이 부분은 혈 사상의 결혈 원리와 결혈 조건을 다루고 있는 별도의 장에서

---

6) 허영훈(2018), "횡룡입수의 유형별 결혈 특성". 『동방문화와 사상』 제5집. 동방문화대 동양학연구소.

구체적으로 설명이 된다. 이 내용에 대하여 선뜻 납득이 가지 않는 것으로 이해되지만 현장 자체가 그렇다는 것이다. 이 문제뿐만 아니라 그 외에도 풍수 답산 결과 풍수 이론이 현장과 맞지 않는 사례가 많다는 점을 지적하고 싶다.

실정이 이러하므로 중국 풍수 고전이나 우리나라 학계 등에서 주장하는 내용이 과연 현재 우리나라 땅에 적용 가능한지에 관한 연구가 꾸준히 이루어져야 한다. 중국의 풍수 고전을 참고는 하되 전적으로 의존하지 말고 우리나라의 지형에 맞는 혈의 특징을 분석하고 이론체계를 세워야 한다.

현대의 풍수 서적에는 일반적으로 와겸유돌 네 가지 형태 모두 혈장의 5가지 구성요소를 거의 동일하게 갖춘 것으로 판단하고 있다. 혈장은 입수도두(入首到頭), 좌선익(左蟬翼), 우선익(右蟬翼), 전순(氈脣), 당판(當坂)으로 구성되어 있다. 이렇게 5가지 구성요소로 구분하는 것은 맞지만 혈 사상별로 이름이 별도 정해져 있다는 것은 그 형태나 결혈 원리 등이 모두 다를 것으로 추정할 수 있다. 왜냐하면 혈의 음양이 다르고 각각 혈상(穴象)이 다르기 때문이다.

혈장의 구성요소가 혈의 사상별로도 동일하게 나타나는지

아니면 다르게 나타나는지 현장 조사를 통한 검증이 필요한 부분이다. 그래서 필자가 수행한 연구의 목적을 한국의 지형에서 결혈되는 혈의 유형을 사상으로 구분하여 분석하고, 그 혈의 사상별 구조와 특징을 규명하는데 둔 것이다.

혈은 풍수의 요체라고 하였다. 그러므로 혈을 살피는 데 있어서 거시적 접근보다는 미시적 접근이 중요하다. 현재 풍수와 관련된 다양한 논문들이 발표되고 있지만 연구 대상은 음택보다는 양택이나 양기(陽基)가 주류를 이루고 있다. 이것은 땅을 보는 데 있어서 거시적 접근법을 선호하기 때문으로 이해된다. 조금 독한 소리인지는 몰라도 아마 혈을 몰라서 다른 방향으로 연구주제를 정한 것으로도 이해된다.

혈을 분석하는 데 있어도 혈의 구성요소를 기준으로 판단하는 미시적인 접근보다는 사신사나 혈성체(穴星體) 등을 기준으로 증혈(證穴) 여부를 판단하는 거시적 접근법을 선호하다 보니 혈 자체에 관한 연구는 점점 멀어져 가는 실정이다.

혈은 자연의 열매 또는 산의 열매라고 한다. 그 열매 자체에 치중하지 않고 열매를 둘러싸고 있는 나무나 가지와 같은 사신사 등의 짜임새를 중시하는 심혈법(尋穴法)이 대세를 이루고 있다. 이는 큰 국세를 살피는 관법이 작은 혈을 관찰하는 관법보다 상대적으로 쉽기 때문이다.

풍수에서 혈성(穴星)이라는 말이 있다. 혈성이란 혈로 내룡맥을 입수시키는 산봉우리를 말한다. 이 산봉우리가 입수룡을 통하여 혈장(穴場)을 일으킴으로써 혈장의 한 부분을 형성하기 때문에 혈이 있는 산을 혈성이라고 한다. 『인자수지』에서 혈성과 관련하여 많은 지면을 할애하면서까지 상세히 설명을 하고 있다. 혈성도 혈장의 한 부분으로 범위를 확대하고 중요시하고 있지만 필자의 견해로는 납득이 잘 가지 않는 부분이다. 혈성과 관련하여서는 별도의 장에서 다시 한번 구체적으로 다루기로 한다.

『감룡경』에서 산봉우리는 하늘의 별(星) 종류에 따라 이름이 붙은 것으로 그 별의 종류는 북두칠성의 구성(九星)으로 나누고 있다. 또한 산봉우리는 하늘의 구성으로부터 각각 고유의 기운을 받은 성체(星體)로 여기고 있다. 그러므로 구성의 기운을 받은 산봉우리의 형태에 따라 혈의 종류도 달리 정해진다는 논리다. 우리가 오행(五行) 산의 형태를 목성체(木星體), 화성체(火星體), 토성체(土星體), 금성체(金星體), 수성체(水星體) 하면서 성(星)을 붙이는 것도 여기에서 비롯된다.

그러다 보니 중국 풍수 고전의 심혈법은 혈 자체를 보는 것이 아니라 주로 혈성을 본다. 그래서 양균송은 성진(星辰)을 보고 혈을 잡아야 진격(眞格)이며, 성체를 논하지 않으면 허황한 것이라고 하였다. 이러한 영향에서 비롯된 것인지는 몰라도 과거 풍수사들 역시 전국의 명당을 답사하면서 만산도와 유산록 등과 같은 기록을 남겼는데 여기서도 주로 사신사 등 산세 위주로 살피고 있다. 지방의 재야 풍수사들과의 현장 답산에서 느낀 점도 바로 혈 자체보다는 주변의 국세에 관심이 높다는 것이다. 특히 결혈 여부의 판단은 사신사 중의 하나인 주작(朱雀), 즉 안산(案山)에 대한 의존도가 강한 것을 볼 수 있다. 현무(뒷산)를 이루는 내룡맥(來龍脈)은 직접 발로 밟으면서 확인을 하는데 상대적으로 멀리 떨어진 앞산(안산)은 가보지도 않고 자리가 좋고 나쁨을 단정해 버린다. 이렇게 살피는 것이 옳은 방법이라면 풍수 공부는 정말 할 게 없다.

『의룡경(疑龍經)』에서는 용 위에 솟아난 봉우리의 모양을 보고 그 앞의 혈의 모양을 정해 버린다. 이러한 풍수 고전을 하나의 답산 교과서처럼 여김에 따라 작은 혈장을 보고 혈을 잡는 것이 아니라 혈 뒤의 큰 혈성(穴星)을 보고 혈을 잡게 된다. 이는 풍수 고전에 거의 공통적으로 나타나는 현상으로써 거시적인 접근 방법이다.

특히 양균송의 『감룡경』은 하늘의 구성(九星)을 동원하여 철저하게 거시적인 풍수 이론을 전개하고 있다. 『의룡경』 역시 크게 다를 바 없다. 오행상 또는 구성상으로 동일한 혈성(산)이라도 『감룡경』이 주장하는 형태대로 혈이 형성되지 않는다. 같은 혈성이라도 어떤 특정혈만 만들어지는 게 아니라 혈의 4가지 종류가 모두 생성될 수 있다. 그래서 필자는 사신사를 보고 혈을 찾는 것이 아니라 혈증을 보고 혈을 찾으라는 점을 강조한다.

『감룡경』이 천문사상을 끌어들여 주산의 모양이 탐랑이면 유두혈, 거문이면 와혈, 녹존이면 소치혈, 염정이면 여벽혈, 문곡이면 장심혈, 파군이면 첨사창혈, 좌보성은 연소혈이나 괘등혈이 생긴다는 식의 주장은 너무 거시적인 차원에서 다루어지고 있다. 실제 현장을 가면 이 논리를 적용해서는 혈을 찾을 수 없을 뿐만 아니라 현장과는 맞지 않다.

『인자수지』의 오성(五星)으로 혈성을 살피는 방법 역시 마찬가지다. 먼저 오행산을 보고 그 성정을 살피며, 거기에 다시 3가지 모양의 3격(정면, 측면, 평면)을 정하고, 그 3격에 와겸유돌 혈의 4상을 살피는 방식으로 이론을 전개하고 있다. 이 또한 이론에 그칠 뿐이지 실제 현장에서 이를 복잡하게 계산하면서

까지 적용할 수 없다. 혈성에 관하여 많은 부분을 할애하여 자세히 설명하고 있지만 심혈(尋穴)을 더욱 복잡하게 만든다.

따라서 거시적 풍수 이론은 보조적인 수단으로 참고만 하고 실제 혈을 잡을 때는 미시적 풍수 이론을 적용하여 혈성보다는 혈 자체를 살펴야 한다. 혈형은 혈을 찾고 난 뒤에 결정할 일이다. 실제 혈을 찾는 데 있어도 혈성이나 사신사와 같은 큰 것을 보는 게 아니라 작은 혈증을 보아야 한다. 혈을 찾는다는 것은 용진혈적으로 함축할 수 있는데 주위의 사격(砂格)에 전적으로 의존하거나 얽매여서는 안 된다.

구성법(九星法) 등에 근거하여 혈성체의 모양에 따라 혈이 미리 정해져 버리거나 사신사 위주로 혈장을 해석하고 있는 것은 중국 풍수 고전의 영향이 크다. 그래서 필자의 혈 사상 연구에서는 사신사보다는 혈 자체만을 가지고 연구를 시도한 것이다. 다만, 혈장의 구성요소에는 해당되지만 당판 속의 혈토 부분은 제외하였다. 혈토는 직접 묘지 등을 파 보아야 확인할 수 있는데 그럴 수 없어서 지표면에 나타나는 부분만을 대상으로 하였다.

양기풍수에서 청룡과 백호가 좌우에 있으면 와혈 또는 겸혈로 판단해 버리는 경향이 있다. 그러나 미시적 관법으로 혈 자체만을 들여다보면 유혈이나 돌혈도 될 수 있다. 만약, 사산사 개념으로 너무 크게 혈의 사상을 판단하게 되면 혈(穴)이 아니라 와겸유돌의 형태만 같은 와형, 겸형, 유형, 돌형 등 사상형(四象形)으로 표현해야 옳다고 본다.

필자가 수행한 한국지형에서의 혈 사상 분석 연구의 조사 방법은 문헌조사 더불어 현장조사를 병행하였다. 연구의 대상은 그동안 현장 답산 시 살폈던 음택(묘)과 양택(사찰, 고택, 서원 등)를 비롯하여 자연 상태의 생지혈(生地穴)로 하였으며, 철저하게 형기론적(形氣論的) 관점에서 접근하였다.

형기론은 산세의 형세를 눈으로 살펴서 길지를 찾고 평가하는 방법론이다. 다시 말하여 지표면에 나타난 어떤 형태를 보고 혈(穴)을 찾는 방법을 말한다. 형기론을 형세론(形勢論)이라고도 한다. 이 형기론은 사신사(四神砂)와 같이 범위를 크게 보는 거시적 관법의 형기론과 혈장(穴場)에 붙어 있는 구성요소, 즉 혈증(穴證)을 보는 미시적 관법의 형기론, 즉 혈기론(穴氣論)으로 나눈다.

땅을 살피는 관법에는 형기론 외에도 패철 등의 도구를 이용하여 기(氣)를 판단하는 이기론(理氣論)과 사물의 형태 또는 형국을 보고 기(氣)를 판단하는 형국론(形局論)이 있다. 풍수지리에서는 기(氣)를 보는 관법이 형기론, 이기론, 형국론 3가지 유파로 나누어져서 풍수 이론이나 심혈 방법론이 복잡하게 전개되고 있다.

이뿐만 아니라 수맥봉(엘로드)을 이용하여 기를 찾는 기감론(氣感論), 전자파 등을 이용한 심혈법(尋穴法)까지 가세됨에 따라 같은 자리를 두고서도 판단 결과가 달라지는 것을 볼 수 있다. 풍수를 처음 대하는 초학자들은 시간도 많지 않은데 어느 것을 배워야 할지 혼동이 될 수밖에 없다. 외부인들에게는 이것이 풍수 불신론의 빌미를 제공하고 있다는 우려의 목소리도 있다.

조선시대 과거시험 풍수지리 고시과목이자 이기론의 대표적 풍수 고전인 호순신의 『지리신법(地理新法)』에서는 "지리는 형세가 근본이 된다. 형세가 있고 난 뒤에야 이 법을 마땅히 시행할 수 있다. 형세가 없는데도 이 법을 사용하게 되면 때때로 그 효과가 나타나지 않는다."[7]라고 하여 이기론보다 형기론이 땅을 살피는 근본임을 내세우고 있다는 점을 주목해야 한다.

---

7) 『地理新法』, 形勢論, "地理以形勢爲本 有形勢然後此法可施 無形勢而用之往往其效不應".

제2장

풍수고전의 혈 형태와 구조

1. 혈의 형태

혈(穴)의 종류에 대하여는 중국의 여러 풍수 고전에서 설명하고 있는데 주요 풍수 고전에 나와 있는 내용을 살펴보면, 『감룡경』에서는 주산 모양이 탐랑이면 유두혈(乳頭穴), 거문은 와혈(窩穴), 무곡은 채겸혈(釵鉗穴:두 갈래 비녀 모양), 녹존은 소치혈(梳齒穴:얼레빗 모양), 염정은 여벽두(犁鐴頭:쟁기머리 모양), 문곡은 장심혈(掌心穴:손바닥 모양), 파군은 과모혈(戈矛穴:창 모양), 좌보는 연소혈(燕巢穴:제비집 모양)로 높은 산이면 괘등혈(掛燈穴:등잔을 걸어놓은 모양), 낮은 평지면 계소혈(雞巢穴:닭둥지 모양) 모양이 생긴다는 것이다.[8] 구성(九星)에

---

8) 『撼龍經』.「變穴篇」. "貪狼作穴是乳頭 巨門作穴窩中求 武曲作穴釵鉗覓 祿廉梳齒犁鐴頭 文曲穴來坪裡作 髙處亦是掌心落 破軍作穴似戈矛 兩傍左右手皆收 定有兩山皆護衛 不然一水過橫流 輔星正穴燕巢仰 若在髙山掛燈樣 落在低平是雞巢."

따라 혈의 모양이 달라지는데 변형된 모양까지 고려하여 혈을 사상으로 구분해 보면 탐랑, 무곡은 유혈, 거문, 문곡, 좌보는 와혈, 무곡, 파군, 염정은 겸혈이 맺힌다고 볼 수 있다. 이렇게 솟아난 봉우리, 즉 혈성으로 혈을 살피는 방법이 유성정혈법(流星定穴法)[9]이다. 이 정혈법은 구성의 모양을 보고 혈의 종류와 위치를 가늠한다고 하여 구성정혈법(九星定穴法)이라고도 한다.

『의룡경』에서 혈에는 젖꼭지 모양의 유두혈(乳頭), 죄인의 목에 씌우는 칼 모양의 겸혈(鉗)이 있으며, 좌우에 아무것도 없어서 평평한 것 같지만 둔덕(平坡) 모양도 있다고[10] 하였다. 혈의 종류를 유두(乳頭), 겸구(鉗口), 평파(平坡)로 설명하고 있는데 유두는 유혈(乳穴), 겸구는 겸혈(鉗穴), 평파는 돌혈(突穴)을 의미한다. 『의룡경』에서는 이외에도 여러 가지 혈에 관하여 소개하고 있다.

『장법도장(葬法倒杖)』에서는 맥(脈)이란 훈 사이에 미세한 등마루(脊)가 있으므로 소음의 상이고, 식(息)은 훈 사이에 미

---

9) 『人子須知』,「定穴法」.

10) 『疑龍經』,「下篇」, "穴有乳頭有鉗口 更有平坡無左右."

미한 형태(形)가 있으므로 소양의 상이며, 굴(窟)은 훈 사이에 미세한 와(窩)가 있으므로 태음의 상이며, 돌(突)은 훈 사이에 미세한 거품 방울(泡)이 있으므로 태양의 상이라고 하여[11] 혈의 종류를 맥·식·굴·돌이라는 이름의 사상(四象)으로도 구분하고 있다.

『영성정의(靈城精義)』에는 "입수에서 혈처가 만들어지는데 형태는 와겸유돌 네 글자이며, 이 네 가지 중에 하나라도 있으면 좋은 혈이라고 사람들이 말하고 있는데 형이라는 것은 단지 혈의 증거에 불과하다."[12]라고 하여 혈의 종류는 와겸유돌로 분류하고 있다.

또한 『산룡어류(山龍語類)』에서는 형이 아무리 변화가 많다고는 하지만 혈의 종류는 와겸유돌을 벗어날 수 없다고 하면서 와혈은 굽고(曲), 겸혈은 곧으며(直), 유혈은 드리우며(垂), 돌

---

11) 『葬法倒杖』.「求四象」, "四象者脈息窟突也 脈是暈間微有脊乃少陰之象 息是暈間微有形乃少陽之象 窟是暈間微有窩乃太陰之象 突是暈間微有泡乃太陽之象."

12) 『靈城精義』.「形氣章」, 四庫全書本(劉伯溫 註), "今人入首作穴處 便看窩鉗乳突四字 一有此四者便稱好穴 不知形乃穴之證佐耳."

혈은 높이 솟아(聳) 있는 모양이라고 하였다.[13]

『감여만흥(堪輿漫興)』에서도 혈의 네 가지 모양에 대하여 설명하고 있다. 용맥이 양룡으로 결작을 하면 와혈인데 장법은 얕게 파는 것이 마땅하며, 본신룡에 손 같은 지각이 있으면 겸혈인데, 곧고 굽고 길고 짧고 안고 두르는 모양이며, 양룡으로 오면 음혈로 받는 것이 유혈인데 유혈은 구첨이 있으므로 깊게 파는 것이 마땅한 법이고 돌혈은 소수의 사람만 알며, 만약 평지에 돌이 있다면 더욱 기이하다고 하였다.[14]

『지학(地學)』에서는 혈이 생긴 모양에 따라 혈을 사상으로 구분하고 있는데 개구(開口) 또는 개수(開手)했을 때 둥근 모양이 와혈이고 긴 모양이 겸혈이며, 구슬을 머금은 모양이 돌혈이

---

13) 『地理正宗』, 「山龍語類」, 龍穴篇, "形雖變化無窮 不出窩鉗乳突 窩曲鉗直乳垂突聳."

14) 『堪輿漫興』, "龍身陽結為窩穴葬法須知淺則宜 本身有手為鉗穴直曲短長要抱彎 陽來陰受為乳穴乳穴粘毯法葬深. 山中有突少人知若在平洋突更奇."

고 혀를 내뱉은 모양이 유혈이라고 하였다.[15]

『인자수지』에서는 여러 가지 풍수 이론을 참고하여 혈법(穴法)의 표준을 정하고 있는데 그것은 혈형(穴形), 혈성(穴星), 혈증(穴證), 혈기(穴忌) 즉 형성증기(形星證忌)로써 혈형의 경우 "혈형은 온갖 사물 형상의 형태가 아니라 양균송의 사상인 와겸유돌의 형태로 한다."[16]라고 하였다. 그리고 "대개 생기라 함은 태극이며, 요철은 양의이며, 와겸유돌은 사상이 되는 것이다."[17]라고 하여 혈의 형태를 네 가지 유형으로 정리하고 있다.

이처럼 풍수고전에는 혈을 대체로 와겸유돌 사상으로 구분하고 있다. 사람의 얼굴이 모두 다른 것처럼 자연에서 결혈되는 혈의 형태도 혈성체 모양이나 지형 조건에 따라 여러 가지 형태로 다르게 나타날 수 있다. 수많은 형태의 혈이 나타나고 있지만 풍수에서는 그 형태를 유형화시키면 네 가지 유형인 와겸

---

15) 『地學』, 「穴場」, "口員是窩長是鉗 太陽少陽理自然 含珠是突吐舌乳."

16) 『人子須知』, 「穴法總論」: "穴形非百物形象之形 而取夫楊筠松四象窩鉗乳突之形."

17) 『人子須知』, 「穴法總論」: "蓋生氣者太極也 凹凸者兩儀也 窩鉗乳突者四象也."

유돌 사상으로 분류하고 있음을 알 수 있다. 사람의 체형을 사상으로 나누듯 혈도 그 형태에 따라 사상으로 분류하고 있는데 중국의 풍수 고전 상으로는 와혈은 오목하게 들어간 쟁반 모양, 겸혈은 두 다리 비녀나 말굽자석 모양, 유는 성숙한 여성의 유방 모양, 돌은 종이나 솥을 엎어놓은 모양으로 정리된다.

2. 혈의 구조

『지리신법(地理新法)』에서는 "대개 조산과 안산이라는 것은 큰 집안의 일이며, 혈은 자기 집안의 일이다. 혈이 없으면 존립 기반이 없는 것이다."[18]라고 하여 조산이나 안산보다도 혈이 중요하다는 것을 강조하고 있다.

이러한 혈 또는 혈장의 구성요소와 관련 풍수 고전에서는 오행 이론을 적용하여 승금(乘金), 상수(相水), 인목(印木), 혈토(穴土)로 접근하고 있다. 목화토금수(木火土金水) 오행 중에 화(火)가 빠져 있는데 이것을 『인자수지』에서 화는 살(殺)을 띠

---

18) 『地理新法』, 「形勢論」, "蓋朝對者大家事 區穴者本家事也 無區穴則無存立之地矣."

고 있어서 혈이 될 수 없다고 언급하고 있다.[19]

오행 이론으로 혈의 구성요소를 언급한 최초의 서적은 『장서(葬書)』[20]이다. 『장서』의 「형세편」에서는 "승금상수혈토인목(乘金相水穴土印木)"이라는 문장이 등장한다. 이에 대하여 『금낭경』 주문에서는 "乘金而葬 則以水爲相 穴坤之山 則以木爲印 金且生水 以木克土 故以爲印也"[21]라고 하였다.

일반적으로 승금이 입수도두, 상수가 순전, 혈토는 당판, 인목은 선익으로 인식하고 있지만 시중의 풍수 서적에는 상수와 인목을 바꾸어 부르는 경우가 있으며, 乘金相水穴土印木이 과

---

19) 『人子須知』. 「穴論」. "火言火者 火則尖利帶殺且火無穴耳."

20) 晉代의 곽박(郭璞)이 저술한 『葬書』는 다양한 판본으로 출간되었는데 대표적인 것이 첫째, 淸代에 『葬書』라는 이름으로 사고전서(四庫全書)에 수록된 책, 둘째, 『葬經』이라는 이름으로 『地理天機會元』에 수록된 책, 셋째, 규장각본인 『錦囊經』이 있다. 허찬구(2005). 『葬書譯註』. 비봉출판사. 5쪽.

『葬書』와 『錦囊經』은 동일한 책이지만 당나라 때 현종이 『장서』를 비단 보자기에 싸서 보관하였다고 하여 금낭경이라고 한다. 사고전서본에는 장서, 규장각본에서는 금낭경으로 구분하고 있는데 이는 장서와 금낭경이 같은 책임에도 불구하고 일부는 서술이 다르기 때문에 구분하고 있다.

21) 『錦囊經』. 「形勢篇」.

연 혈에 관한 것인지 본질적인 의문이 감에 따라 개념 정의에 대한 고증이 필요하다고 주장하는 학자도 있다.[22]

『인자수지』에서는 『장서』에서 말하는 '승금상수혈토인목' 역시 하나의 태극훈(太極暈)일 뿐이며, 승금이란 태극의 원훈이 솟아올라온 곳이고, 상수는 양쪽에 끼고 있는 원훈의 물을 팔자로 분리시키는 소명당에 합쳐지는 곳이고, 혈토란 중앙에 위치하여 치우쳐 있지 않고 깊이도 적당하며, 인목은 혈 앞에 있는 전과 순이 뾰족하거나 둥글게 앞으로 내밀어져 나온 것을 증명하는 것이라고[23] 하여 '승금상수혈토인목'이 태극의 원훈에 비교되고 있으므로 혈장의 구성요소를 설명하고 있는 것으로 볼 수 있다.

---

22) 김두규(2005), 『풍수학사전』. 비봉출판사. 277쪽.

23) 『人子須知』『定穴法』 "葬書云乘金相水穴土印木亦不過一太極之暈而已 乘金者乘其太極之圓暈突起處 相水者要兩邊夾輔圓暈之水分八字來小明堂處合也 穴土者居中不偏而淺深適宜也 印木者要穴前有氈有脣吐出尖員之証也."

『장서』의 주문[24]에서는 "혈 찾는 법은 마땅히 소팔자 아래에 있는 양편 어깨의 희미한 날개 같은 것을 살펴야 한다. 어깨가 높거나 낮음에 따라 음양 작용을 분별해야 한다. 다음에 살펴볼 것은 삼분삼합인데 혈장이 비스듬하고 급한지 평평하고 완만한 지에 따라 순역으로 할 것인지 요감[25]으로 할 것인지를 구분한다. 다만, 혈장의 선익사와 하수수를 보고 천광의 범위를 정해

---

24) 『錦囊經』을 元代에 오징(吳澄)이 3편 체제로 전면 개편한 후에 완전히 새로운 주석을 붙인 것이 「葬書」의 사고전서본이다. 허찬구. 2005. 『葬書譯註』. 비봉출판사. 6쪽.

25) 요감(饒減)이란 넉넉한 것은 덜어내고 부족한 것은 더해준다라는 의미이다. 『인자수지』에 요감정혈법(饒減定穴法)이 있다. 요감정혈법은 청룡과 백호의 길이를 보고 긴 쪽에 혈이 있는 것으로 판단하여 긴 쪽으로 치우쳐 혈을 정하는 방법이다. 혈을 호위하고 있는 용호 중에서 긴 것이 상대적으로 힘이 있다고 보아 음양의 균형을 맞추기 위해 길고 힘이 있는 쪽으로 혈을 잡게 된다. 길고 힘이 있는 쪽은 넉넉하므로 덜어주고(減), 짧고 약한 쪽은 보태어 줌으로써(饒) 음양의 조화 즉 힘의 균형이 이루어진다.

야 한다."²⁶⁾라고 하여 혈장 구성요소의 하나인 선익사라는 용어가 출현하고 있다.

그리고 『인자수지』와 청대(靑代)에 『설심부』 주석본인 『설심부변와정해(雪心賦辯訛正解)』에서는 신보경(神寶經)을 인용하여 "삼분삼합은 혈토승금의 법도를 보는 것이고 양편의 두 익(翼)은 상수와 인목의 성정을 보는 것이다. 이것이 혈(穴)안에 있는 증거이다."²⁷⁾라고 '승금상수혈토인목'이 혈을 증명하는 혈증임을 내세우고 있으며, 혈 양쪽에 있는 사를 익(翼;날개)으로 표현하고 있다.

특히 『설심부변와정해』에서 아래와 같이 혈장의 구조와 혈장의 구성요소를 그림으로 자세히 설명해 주고 있다. 이 그림에서는 혈장을 둘러싼 물의 분합과 혈장을 구성하는 요소에 대한 명칭(화생뇌, 선익, 우각, 하수수, 해안수 등)이 기재되어 있으

---

26) 『葬書』 「內篇」 四庫全書註, "法當于小八字下看兩肩暗翊 肩高肩低以分陰陽作用 次視三分三合 崎急平緩以別順逆饒減 盡觀蟬翼之砂鰕鬚之水以定藏口限界."

27) 「雪心賦辯訛正解」, "三合三分見穴土乘金之義 兩片兩翼察相水印木之情 此穴中之證驗也."

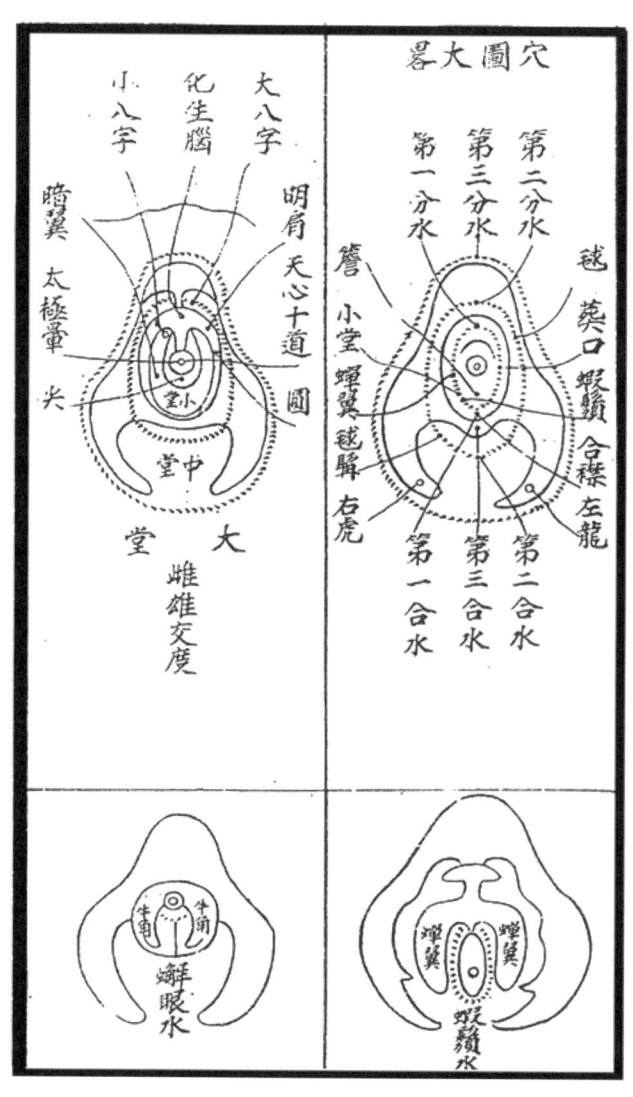

그림2. 혈장의 구조(출처: 『설심부변와정해』, 상해강동서국 발행)

며, 특히 눈여겨보아야 할 것은 혈장의 모양이 각각 다르게 표현되고 있다.

『인자수지』에서는 혈 사상에 대하여 설명하면서 와혈일 경우 좌우에 있는 사를 양국(兩掬:손으로 움켜쥐는 모양)으로 표현하고 혈성이 개구(開口)하여 생성된 것이라 하며, 겸혈은 양각(兩脚:다리 벌린 뻗은 모양)으로 표현하고 혈성이 개각한 것이라고 하며, 유혈은 양견(兩肩:어깨 펼친 모양)으로 표현하고 혈성에서 개장된 양 팔뚝 사이에 나온 것이라고 하며, 돌혈은 고산의 경우 양비가 있어야 하고 평지는 계수(界水)가 명백해야 한다[28]고 하는데 여기서 언급하고 있는 와겸유돌혈 양쪽에 붙어 있는 사는 혈장의 구성요소인 선익이라기보다는 범주가 좀 더 큰 연익(燕翼)이나 지각 또는 청룡과 백호로도 해석된다.

『산법전서(山法全書)』에서는 혈의 좌우에 있는 사를 우각사라 하고 아주 얇은 것을 선익사라고[29] 하고 있으며, 『설심부변와정해』에서도 선익이란 개념을 정리하고 있는데 선익이란 유

---

28) 『人子須知』.「穴法」.

29) 『山法全書』.「釋名部」: 何爲眞砂 兩傍夾穴之微砂曰牛角砂 以其甚薄又曰蟬翼砂也.

돌 곁에 생긴 사로서 용호(龍虎) 내에 가볍고 흐릿하면서 착 달라붙어 혈을 감싸고 있으며, 마치 매미가 딱딱한 겉 날개와 아래에 또 부드러운 속 날개를 가지고 있는 것과 같아서 선익사라 명명하고 있다.[30] 또한 혈 위에서 물이 갈라지는 것을 대팔자라 칭하고, 사람의 얼굴로 치면 이마에 해당되고 양옆으로 미미하게 튀어나온 희미한 사를 선익이라고 부른다[31]고 하여 사람의 인상(人相)을 혈장에다 비유하고 있는 것을 볼 수 있다.

이러한 개념이 출현하여 그나마 혈장을 미시적으로 관찰하려는 풍조가 조성되었을 것으로 본다. 요즘 우리나라에서 발행되는 서적의 경우 입수도두는 이마, 좌우선익은 관골(광대뼈), 전순은 턱이나 입술, 당판은 코에 비유하여 혈장을 읽으려고 하며, 상법(常法)의 오악(五嶽)을 차용하여 혈상(穴相)도 오악으로 표현한다. 아울러 혈장의 구조를 꽃송이에도 비유하여 입수도두는 꽃꼭지, 당판은 꽃심, 선익은 꽃받침이나 꽃잎, 전순은 꽃술에 적용시킨다.

---

30) 『雪心賦辯訛正解』: 蟬翼者生於乳突之旁藏 於龍虎之內輕薄貼身微茫彎抱 如蟬硬翼之下又有軟翼 故名蟬翼沙.

31) 『雪心賦辯訛正解』: 上分水名爲大八字 似人之顔旁微有兩分 突旁兩片陰砂名蟬翼沙.

현장에서 혈을 살피는 기준으로 오악삼성(五嶽三星)을 중요하게 여긴다. 오악삼성(五嶽三星)이란 혈을 구성하는 4가지 요소와 그것을 보좌하는 3개의 보조사(補助砂)를 말한다.

혈장(穴場)의 구조는 입수도두(入首到頭) 또는 입수(入首), 선익(蟬翼), 전순(氈脣), 당판(當坂) 또는 혈심(穴心), 혈판(穴坂) 4가지 요소로 구성되어 있는데 선익이 당판의 좌우에 하나씩 붙어 있으므로 실제 혈장의 구조는 모두 5개의 부분으로 구성된다. 여기에다 얼굴의 콧등에 해당하는 입혈맥을 포함하여 6악삼성이라고도 한다. 악(嶽)이란 산처럼 솟아나 있다는 의미이다. 풍수 고전에 용어가 나와 있는 것은 아니지만 현장에서는 아래의 그림에서 보는 바와 같이 상법(相法)의 오악(五嶽)을 차용하였다.

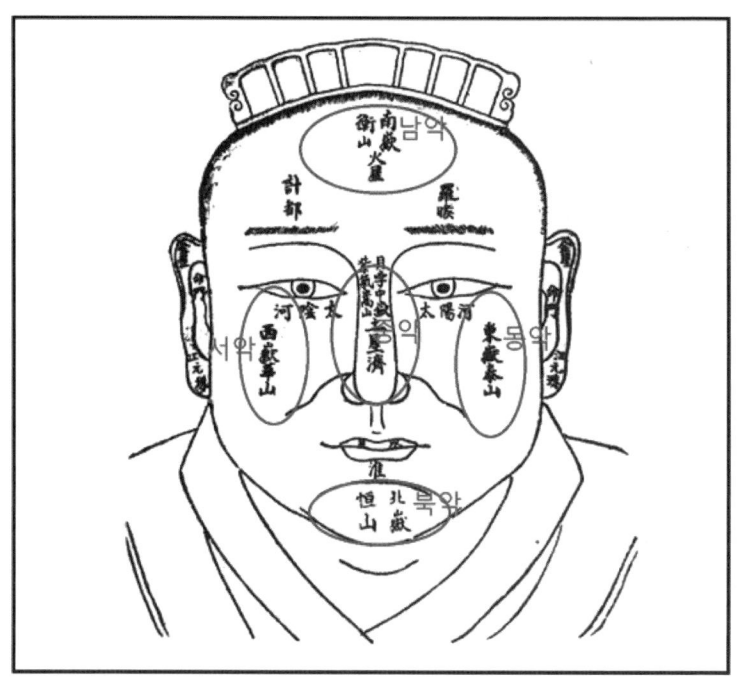

그림3. 오악도(출처:『마의상법』)

그리고 혈장은 기본적인 4가지 요소에 더하여 혈장의 몸체 주변에 바로 붙어서 혈장 4대 요소를 보조해 주는 보조사로 구성되어 있는데 혈장의 4대 요소인 오악의 보조 역할을 해주는 귀성(鬼星), 관성(官星), 요성(曜星)을 삼성(三星)이라 한다. 혈장의 구성요소인 5악에 입혈맥 하나를 더하여 6악으로도 보고 있으며, 삼성 역시 수구사(水口砂)인 금성(禽星)을 더하여 4성이라고도 한다. 그러나 현장에서는 금성의 경우 크게 중요하게 여기지 않고 참고만 한다. 오악이 혈의 직접적인 혈증(穴證)이 라고 하면 삼성은 간접적인 혈증이다. 물론 삼성이 간접적이기 는 하나 직접적인 혈증 못지않게 중요시한다. 혈의 사상(四象) 중 와혈(窩穴)의 혈장 구조는 아래 그림과 같다.

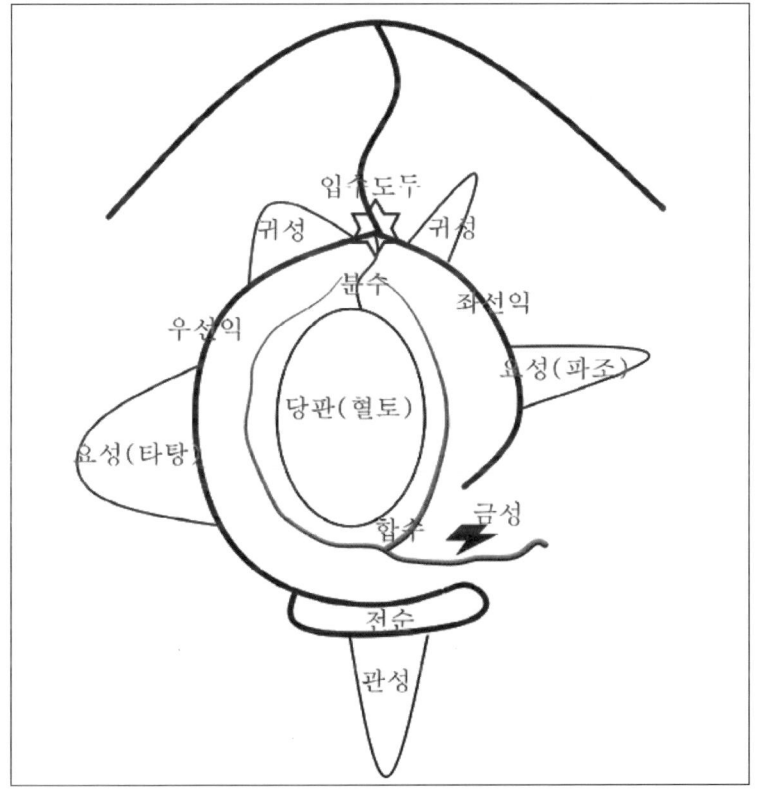

그림4. 혈장(와혈) 구조

청룡이나 백호 등 사신사의 적합 여부를 판단하여 혈을 정하는 거시적 방법으로는 산줄기 하나에 여러 혈이 나올 수 있지만 오악으로 접근하면 혈이 하나만 나온다. 혈은 사신사가 아니라 혈증으로 봐야 한다. 오악삼성을 살피라는 것은 기감이 아니라 지표를 직접 눈으로 보고 판단하라는 것이다. 혈장은 요성 등 삼성이 받쳐주어야 토질이 강해져서 흙이 흘러내리지 않기 때문에 삼성은 직접적인 혈증 못지않게 중요한 혈의 보조사(補助砂)로 여긴다.

어떤 장소이든 용맥을 타야 지반이 튼튼해지고 혈장 앞이 들려야 산사태 등 지반이 무너지는 현상을 방지할 수 있다. 전순이 그 역할을 하는데 특히 양택의 경우 전순이 지질의 밀도를 강하게 하여 지반이 흘러내리지 않게 한다. 지반이 흘러내리는 것을 '땅 밀림' 현상이라 하는데 주로 혈장이 생성되지 않는 산의 측면에서 발생하는 경우가 많으며, 인위적으로 다른 데서 흙을 옮겨다 놓아도 그러한 현상이 발생 된다. 인위적으로 보토한 땅은 자연 상태보다 밀도가 떨어져서 물과 바람의 영향으로 패이거나 무너지기 쉽다. 특히 음택 선정 시에는 혈장의 구성요소가 있는지 여부를 잘 살펴야 한다.

아래의 사진은 조선시대 선조 때 영의정을 지낸 인물의 묘이다. 오악삼성이 없는 곳에 억지로 다른 흙을 가져다 놓으면 삼투압(滲透壓) 작용에 의하여 물이 스며들게 됨에 따라 묘지 아래가 터질 수밖에 없다. 혈의 사상을 연구하는 이유가 바로 여기에 있다. 땅에서 발생되는 재해방지를 위해서는 그것이 묏자리가 되었든 집이 되었든 간에 혈의 사상별 특징을 꿰고 있어야 한다.

그림5. 삼투압 작용으로 무너져 내린 묘지 앞 능선

중국의 풍수가 학문적 이론체계를 갖춘 상태에서 많은 서적이 저술되었지만 혈 자체를 분석하려는 미시적 풍수 방법론은 상대적으로 부족한 것으로 보인다. 그 이유는 중국 풍수가 유성정혈법(流星定穴法)이나 사신사 등을 위주로 혈을 정하는 거시적인 방법이 일반화되었기 때문이다. 그래서 혈증으로 보는 미시적 관법이 중요하다. 미시적 관법으로 혈을 보기 위해서는 혈의 사상별 결혈 원리나 결혈 조건을 비롯하여 해당 혈 사상마다 나타나는 차별적인 특징을 알아야 한다.

제3장

혈의 음양과 사상 구분

1. 혈의 음양 구분

혈은 음양으로 구분되고 또다시 이것을 네 가지 종류로 분리한 것이 사상(四象)이다. 혈은 음양의 논리에 따라 4가지 종류를 양혈 2종, 음혈 2종으로 구분하고 있다. 다음은 『지리담자록(地理啖蔗錄)』에 나온 양균송[32]과 증문천[33]의 음혈과 양혈의 구분에 관한 문답 내용이다. 음양의 개념과 용혈의 음양 관계를 설명하고 있는데 혈의 사상인 와겸유돌(窩鉗乳突)은 음혈과 양혈로 나누어 보면 와혈과 겸혈이 양혈이 되고, 유혈과 돌혈은 음혈이 된다고 설명하고 있다.

---

32) 양균송(楊筠松)은 당나라 때 사람으로 풍수의 중시조로 여기고 있으며, 풍수 서적도 많이 집필하였는데 대표적 풍수 서적으로는 『감룡경』, 『의룡경』, 『청낭오어』 등이 있다.

33) 증문천(曾文辿)은 양균송의 제자로 알려져 있다.

"먼저 양(陽)은 요(凹)하고 음(陰)은 철(凸)하다는 형태를 밝히며, 나뉘지 않으면 키우지 못한다. 다음으로 양은 내뱉고 음은 들어 마시는 묘함을 살펴서 교접하지 못하면 생하지 못한다. 지리는 다른 것이 아니고 음양일 뿐이다. 凹는 양이 되어 기가 밖으로 뜬다. 凸은 음이 되어 기가 속으로 숨는다. 만약 음양이 분명하지 않으면 음양이 교접하지 못하므로 화생이 되지 않아 지리가 없게 된다.

楊·曾(양균송, 증문천) 문답을 보면 어떤 것이 음이 되고 어떤 것이 양이 되는가 하고 曾이 물었다.

楊이 대답하기를 음양의 두 글자는 지리의 저울이다. 형기의 조화에는 형으로 기를 모으고 기로 형을 이루게 한다. 형과 기가 이미 나뉘어졌으므로 조화를 고찰할 수 있다. 양기는 오목한 형태고 음기는 볼록한 형태다. 음이 양으로 변하면 비어 들어간 와겸이 되고 양이 음으로 변하면 두텁게 찬 유돌이 된다. 양룡으로 내려오면 음으로 혈을 받고 음룡으로 내려오면 양으로 혈을 받는다고 하였다.

曾이 무엇이 음래양수며, 양래음수인가 물어보니, 楊이 대답하기를 내맥에 등마루가 있고 입혈처에 와가 있으면 그것을 음래양수라 한다. 내맥이 와서 약간 평탄하고 입혈처에 돌이 있으면 그것을 양래음수라 한다고 대답했다."[34]

『발미론(發微論)』에서는 요(凸)한 것은 맥이 가라앉고 철(凹)한 것은 맥이 뜬다. 가늘고 작은 것은 맥이 뜨고 거칠고 무거운 것은 맥이 가라앉는다. 높은 무리 중에서 하나가 낮은 것은 맥이 뜨고 낮은 무리들 중에서 하나가 높은 것은 맥이 가라앉는다. 서로 더하고 줄어듦으로써 음양의 이치를 얻는다[35]라고 하여 철(凸)한 것이 음이 되고, 요(凹)한 것이 양이 됨을 밝히고 있다. 이처럼 『발미론』에서는 기운의 성질, 즉 양의 기운은 솟아나고 퍼지는 성질, 음의 기운은 내려가고 수축되는 성질

---

34) 『地理啖蔗錄』, 「推原」 "先明陽凹陰凸之形 不分則不育 次審陽嘘陰吸之妙 不媾則不生 地理無也 陰陽而已 凹爲陽以氣浮于外也 凸爲陰以氣隱于內也 如陰陽不分明 陰陽不交媾 則不能化生無地理矣 楊曾問答 曾問何者爲陰하何者爲陽 陽曰陰陽兩者乃地理之權衡 形氣之造化 形以聚氣氣以成形 形氣旣分造化可考 陽氣形鐵陰氣形凹 陰變陽是窩腌悭鉗 陽變陰是肥突滿乳 陽龍來則陰受穴 陰龍來則陽受穴 曾問何謂陰來陽受陽來陰受 脈來有脊入穴處有窩 謂之陰來陽受 脈來有微平 入穴處有突 謂之陽來陰受."

35) 『發微論』, 「浮沈篇」 "則凸者脈沈凹者脈浮 微細者脈浮 粗重者脈沈 衆高一低者脈浮 衆低一高者脈沈 以此相乘除 則陰陽之理得矣."

에 따라 분류했다.

　그리고 『인자수지』에서는 사마두타(司馬頭陀)가 말하기를 "꽃이 피어 열매가 달린다는 것은 기의 멈춤이다. 꽃받침에서 꽃이 핀다는 것은 어찌 기를 밖으로 드러내지 않겠는가? 와겸은 양인 것을 알 수 있다. 열매가 달린다는 것은 어찌 기를 내부로 감추지 않겠는가? 유돌이 음인 것을 알 수 있다."라고 하며 또한 달승(達僧)이 말하기를 "어찌하여 와겸은 열렸다고 하며, 유돌은 다물었다고 하는가? 형이 열리면 양으로 외부에 드러나서 기가 뜨는 것이므로 양에 속하는 것이다. 형이 닫히면 음으로 내부로 축적되어 기가 가라앉게 되므로 음에 속하는 것이다."[36]라고 하여 음혈과 양혈을 꽃과 열매의 모양에 비유하여 설명하고 있다. 열려 있는 모양의 와혈, 겸혈은 양혈, 닫혀 있는 모양의 유혈, 돌혈은 음혈로 분류하고 있는데 이 역시 음양 기운의 성질에 따라 판단을 하고 있다.

　『청낭오어(靑囊奧語)』에서는 손의 모양에 비유하여 음혈과 양혈로 구분하고 있는데 손바닥을 위로 하여 제쳐놓은 모

---

36) 『人子須知』, 「淺深論」, "開花乘實者 氣之止也 萼之開花者 豈非氣發於外乎 窩鉗陽可知矣 果之乘實者 豈非氣藏於內乎 乳突陰可知矣, 何謂開窩鉗是也 何謂合乳突是也 形開則陽發於外 其氣浮故屬陽 形合則陰蓄於內 其氣沈故屬陰."

양(仰掌)은 양혈이고 손바닥을 엎어놓은 모양(覆掌)은 음혈이 된다[37]고 하였다. 혈의 사상으로 분류하자면 와혈과 겸혈은 양혈이 되고 유혈과 돌혈은 음혈이 된다.

『산법전서』에서는 혈의 음양을 판단하는 데 있어 양균송과 료금정[38]은 상반된 의견을 가지고 있다고 설명하고 있으며, 와혈과 겸혈은 양혈, 유혈과 돌혈은 음혈로 보고 있다.

"음양을 구분하는 데 있어 양균송과 료금정의 두 가지 설이 있는데 두 설은 서로 상반된다. 양공은 용의 경우 높고 험준하여 등성마루를 일으키고 가늘면서 강하여 음이라 한다. 혈의 경우 손바닥을 아래로 엎어 놓거나 유돌 모양을 음이라 한다. 사의 경우 돌출된 뒷부분을 음이라 하고 물의 경우는 길고 좁아서 급류가 흐르는 곳을 음이라 한다. 음이라는 것은 강하여 수컷과 같은 것을 말한다. 용의 경우 낮고 평탄하며, 두텁고 넓은 것을 양이라 하며, 혈의 경우 손바닥을 위로 한 모양으로 와겸을 양이라 한다. 사는 굽어진 앞면을 양이라 하며, 물은 둥글고 부드러우면서 맑은 물이 모이는 곳을 양이라 한다. 양은 부드럽고

---

37) 『靑囊奧語』, "陽穴如仰掌 陰穴如覆掌 故曰掌模."

38) 료금정(廖金精)은 송나라 때의 풍수가이다.

순하여 수컷과 같은 것을 말한다"[39]

또한 료금정보다 양균송이 주장하는 음양설이 정설이라는 점을 강조하고 있다.

"료공이 강웅(剛雄)을 양으로 보고 유(柔)를 음으로 보고 있으므로 양공의 설과는 반대가 되지만 사용하는 데 있어서 실제로는 서로 멀지 않다. 두 사람의 책을 읽을 때에는 마땅히 음양과 자웅을 구분하여 이해하여야 한다. 양공은 부드럽고 평탄한 양과 웅(雄)으로, 강하고 급한 것을 음과 자(雌)로 보며, 료공은 강웅(剛雄)은 마땅히 양이 되고 유자(柔者)는 마땅히 음으로 보았다. 그러므로 양공의 설과는 반대가 되지만 이치가 없는 것은 아니다. 단지 그 견해가 피부의 살갗과 같이 얕을 뿐이다. 주문공이 말하기를 하늘의 도는 양은 강하고 음은 부드러우므로 양은 웅이 되고 음은 자가 된다. 땅의 도는 음이 강하고 양이 부드러우므로 음이 웅이 되고 양이 자가 된다. 하늘과 땅의 두 가지

---

39)『山法全書』「釋名部」: "但陰陽有楊廖二說兩家相反楊以龍之高峻起脊瘦勁爲陰 以穴之覆掌乳突爲陰 以砂之突背邊爲陰 以水之長狹急流處爲陰 陰者剛而雄也 以龍之低平坦夷肥闊爲陽 以穴之仰掌窩鉗爲陽 以砂之曲面邊爲陽 以水之圓潤澄聚處爲陽 陽者柔而雌也."

도가 상반이 되는 것이다. 료공은 하늘의 도와 땅의 도가 같지 않다는 것을 알지 못함에 따라 지리를 모두 천도의 음양으로 논하였으므로 그렇게 말했을 뿐이다. 양공의 설은 만세를 지나도 변치 않는 정론이다. 마치 평양(平陽)을 평양(平陽)이라고 하는 것과 같은데 어찌 평음(平陰)이라 하겠는가?"[40]

혈을 음양으로 살필 때 료금정은 양균송의 주장과 반대 입장을 보이고 있는데 양균송이 주장하는 음양설이 정설이라는 점을 주장하고 있다. 그러므로 와혈과 겸혈은 양혈, 유혈과 돌혈은 음혈로 각각 구분하는 것이 마땅하다고 본다.

형기론 입장에서 저술된 『지학』에서도 와혈과 겸혈은 양혈, 유혈과 돌혈은 음혈로 각각 구분하고 있음을 알 수 있다. 그리

---

40) 『山法全書』, 「釋名部」, "廖公剛雄爲陽柔者爲陰 故與楊公之說反 以用法寔不相遠也 讀二公書者 宜分解陰陽雄雌 楊以柔夷爲陽爲雄 剛急爲陰爲雌 廖以剛雄宜爲陽 柔雌宜爲陰 故反楊說廖說不爲無理 但所見膚淺耳 朱文公曰 天之道陽剛而陰柔 故陽雄而陰雌 地之道陰剛而陽柔 故陰雄而陽雌 天地二道相反者也 廖公不知天道地道之不同 將地理俱以天道陰陽論故云爾也 楊說是萬世不易正論 如天下平陽曰平陽豈曰平陰乎."

고 혈 사상의 음양 구분뿐만 아니라 와겸유돌혈에 대한 사상 구분까지 분명히 하고 있다. 즉 와혈은 양혈 중에서도 태양이고, 겸혈은 소양이며, 돌혈은 음혈 중에서도 태음이며, 유혈은 소음이 된다. 이러한 혈 사상별 성질이 다르기 때문에 우리나라 지형에서 나타나는 혈 사상별로 그 특징들이 달리 나타나고 있다.

"와는 태양이고 겸은 소양이다. 어찌하여 와겸을 양이라 하는가 하면 그것은 열려 있기 때문이다. 마치 사람의 가슴이나 손과 같고 꽃이 핀 것과 같은 모양이라 양이라고 한다. 유는 소음이고 돌은 태음이다, 유돌은 음이라고 하는가 하면 오므라들기 때문이다. 마치 사람의 등과 같고 주먹을 쥔 것과 같고 열매를 맺은 모양과 같으므로 음이라고 한다. 이러한 설명은 오직 남녀의 생식기 모양과는 다른 것이다." [41]

이상과 같이 혈은 음양으로 1차적으로 구분하고 다시 이 음양을 사상으로도 구분하고 있다. 풍수는 음양론에 그 사상적 기초를 두고 있기 때문에 풍수 공부를 하다 보면 이러한 내용이

---

41) 『地學』, 「穴場」, "窩爲太陽鉗爲少陽 窩鉗如何是陽開故也 如人胸如手掌如花開故曰陽也 乳爲少陰突爲太陰 乳突如何星陰斂故也 如人背握拳如結實故曰陰也 其說獨如男女二根有異."

자주 등장한다. 그래서 혈의 음양에 대한 기본적인 지식이 필요해서 고전을 근거로 살펴보았다.

혈의 음양 원리는 학문적으로 다룰 일이고 풍수 답산을 하는 데는 와겸유돌혈의 사상만 알면 된다. 혈을 구분하는 데 있어서 옛 풍수가들도 여러 가지 적절한 이유를 대면서 서로 음양을 달리 주장하고 있는 것을 볼 수 있다. 이는 혈의 음양 구분을 외관상 보이는 모양으로 할 것인가 아니면 그 각각 해당 혈이 가진 기운의 성질로 할 것인가에 따라 달리 보았던 것으로 생각된다.

2. 혈의 사상 구분

위에서 혈의 4가지 종류를 음양으로 구분하는 것을 알아보았다. 혈은 음양으로 나누면 와혈과 겸혈이 양혈, 유혈과 돌혈이 음혈로 분류된다. 그리고 음혈은 다시 음양으로 나눠지고, 양혈 역시 음양으로 세분화된다. 혈의 4가지 형태에서 각각의 혈이 그 특징을 달리하고 있는 것은 이렇게 음양이 세분화되었기 때문으로 본다.

다시 말하면 같은 양혈이라도 어느 하나는 다른 하나보다 양적인 성질이 강하고, 음혈 역시 둘 중 어느 하나는 상대적으로 음적인 성질이 강하다. 이렇게 혈 사상별로 성질이 다르므로 같은 음혈 또는 양혈이라도 결혈 원리나 조건이 다르고 지형의 높낮이를 비롯하여 경사도, 모양 등이 달리 나타나게 된다.

『지리담자록』에서는 와겸유돌혈이 음양에서 사상으로 세분화하여 와혈과 겸혈은 각각 태양과 소양, 유혈과 돌혈은 각각 소음과 태음으로 분류하고 있으며, 돌중미와, 와중미돌이 되어야 음양 교접이 이루어지고 있음을 설명하고 있다.

"무릇 혈을 분리하여 말하면 돌은 노음이요 유는 소음이 되며, 와는 노양이요 겸은 소양이 된다. 합해서 말하면 유돌이 큰 것은 노음이요 작은 것은 소음이 되며, 와겸이 깊은 것은 노양이요 얕은 것은 소양이 된다. 두 소(少)는 쓸 수 있고 두 노(老)는 쓸 수 없다. 간혹 이로(二老)를 쓸 수 있는데 역시 큰 돌 중에 작은 와가 있으면 노음이 소양과 음양교배가 된다. 심와 중에 작은 포(泡)가 있으면 노양이 소음과 음양 교배가 된다."[42]

그리고 앞서 한 번 언급한 바와 같이 『지학』에서는 와혈은 태양, 겸혈은 소양, 돌혈은 태음, 유혈은 소음으로 나누고 있다. 혈의 4종류에 관한 고전의 내용을 좀 더 자세히 소개하면 아래와 같다.

---

42) 『地理啖蔗錄』, 「穴法」, "凡穴分而言之 突爲老陰 乳爲少陰 窩爲老陽 鉗爲少陽 合而言之 乳突之粗者爲老陰 小者爲少陰 窩鉗之深者爲老陽 淺者爲少陽 二少可用 二老不可用 間有用二老者 亦必粗突之中有微窩 爲老陰媾少陽 深窩之中有微泡爲老陽媾少陰."

"만약 혈장이 어디에 있느냐 개구나 개수가 아니겠는가. 개구는 둥근 것이 와이고 긴 것이 겸인데 태양과 소양의 이치가 그렇게 정해진다. 구슬을 머금은 것이 돌이고 혀를 내뺄은 것이 유인데 태음과 소음으로 정해진다."[43]

『산법전서』에는 "료공은 돌출되어 솟아난 것을 양이라 하고 아래로 들어간 것을 음이라 한다. 그러한 것을 사상으로 논하면 맥식굴돌을 취하게 되는데 노음, 노양, 소양, 소음이라고 한다. 굴(窟)한 것은 와요(窩凹)로써 노음이 되고 돌(突)한 것은 물거품처럼 솟아난 것으로 노양이 되며, 맥(脈)이란 것은 돌한 곳의 위에 약간 오목하게 들어간 것으로 노양이 되고 식(息)이란 것은 굴한 곳에 약간 솟아나 있는 것으로 소양이라 한다."[44]고 하였다.

또한 맥식굴돌의 네 가지 상은 료금정이 취한 것으로 가장

---

43) 『地學』, 「穴場」, "若問穴場何處有 不是開口便開手 口員是窩長是鉗 太陽少陽理自然 含珠是突吐舌乳 太陰少陰固其所."

44) 『山法全書』, 「釋名部」, "廖公以凸起爲陽凹下爲陰 其論四象 取脉息窟突四者 爲老陰老陽少陰少陽 窟者窩凹也爲老陰 突者水泡也爲老陽 脈者突上之微凹爲少陰 息者窟內之微突爲少陽."

정묘한데 음양을 논하는 방식에 있어서는 양균송과 다르다는 점을 지적하고 있다. 특히 양기는 위로 뜨고 음기는 가라앉으며, 양기는 느리고 음기는 급한 성질을 갖고 있으므로 장법의 탄토부침(吞吐浮沉)이 음양에서 나왔음을 분명하게 밝히고 있다.[45] 여기서는 혈 사상별 기운의 성질에 따라 장법도 다르게 해야 한다는 점을 강조하고 있다.

이상과 같이 풍수고전에 나타난 혈의 사상을 종합적으로 살펴본바, 『인자수지』, 『지학』, 『지리정종(地理正宗)』의 산룡어류편 등에서는 혈의 사상을 와겸유돌로 분류하고 『장법도장』에서는 맥식굴돌(脈息窟突)로도 분류하고 있다. 그 외 『감룡경(撼龍經)』이나 『의룡경(疑龍經)』 등에서는 또 다른 표현을 하고 있다. 그렇지만 대체적으로 혈의 사상별 명칭을 와혈, 겸혈, 유혈, 돌혈로 사용하고 있으며, 이것이 현재에 와서도 일반적으로 통용되고 있다. 그리고 혈의 사상별 음양을 분류해 보면 양혈 중에서 와혈이 태양이고 겸혈이 소양, 음혈 중에서는 돌혈이 태

---

[45] 『山法全書』, 「釋名部」: "脈息窟突四象 是廖公所取 以此論穴情最爲精妙 但其論陰陽與楊相反 廖以窟爲老陰寔老陽也 以突老陽寔老陰也 以脈爲少陰寔少陽也 以息爲少陽寔少陰也 陽氣浮陰氣沉 陽氣緩陰氣急 葬法之吞吐浮沉 山于陰陽故不得不講明."

음, 유혈이 소음으로 분류되고 있다.

혈의 음양이나 혈 사상별 각각의 음양 구분을 세분화하는 실익은 혈의 네 가지 형태를 제대로 알기 위함이다. 더 나아가서는 장법(葬法)에까지 연결이 된다. 우리나라 풍수계의 실정에 비추어 보아 특히 유혈이 문제가 된다. 산능선에 결혈된 묘지의 경우 대부분 유혈로 취급을 하고 있다. 그러다 보니 전체 결혈처 중에서 유혈의 비율이 가장 많은 것으로 보고 있다. 그러나 구체적으로 어느 정도의 비중을 차지하는지에 대한 통계가 없지만 그렇게 여기고 있는 것 같다.

필자가 전국을 누비면서 풍수 답산을 해보면 실제 유혈의 혈상은 그렇게 많지 않다. 오히려 와혈의 혈상이 가장 많다. 이는 후술하는 혈 사상별 분류 기준으로 볼 때 그렇다는 것이다. 이재영은 풍수 공부를 시작한 이래 혈증이라는 것을 이해하면서부터 코로나19 팬데믹으로 인하여 답산을 중지한 시점까지 오랫동안 미시적 관법으로 혈증(穴證)을 보고 찾아낸 혈 사상별 비율을 분석한 결과는 아래의 표와 같이 나타난다고 하였다.[46]

---

46) 이재영(2020), 『穴, 人子須知』, 책과나무, 170~171쪽.

표1. 혈의 사상별 비율

와혈	겸혈	돌혈	유혈	합계
76%	9%	9%	6%	100%

위 표를 보면 와혈이 76%로 비율이 가장 높고 유혈이 가장 낮게 나타나고 있다. 유혈이 가장 높은 비중을 차지할 것이라는 생각과는 전혀 일치하지 않는다. 필자 역시 답산 결과에 의하면 위 표에 나타난 비율과 크게 다르지 않다. 다만, 답산 사례지가 계속 늘어남에 따라 이와 비례해서 혈자리도 늘어나게 되는데 유혈의 비율은 약간 높아지고 상대적으로 겸혈의 비율이 줄어드는 추세만 다를 뿐이다.

그리고 답산지가 또 늘어나면 혈 사상별 비율의 변동이 있을 수는 있겠지만 과거 경험칙으로 보아 위 표의 혈 사상별 비율에서 큰 폭의 변화는 없고 혈 사상별 약간의 등락만 있을 것으로 추정된다. 그렇다면 우리나라 지형에서는 유혈의 혈상이 가장 많은 것이 아니라 와혈의 혈상이 가장 많은 것이 된다.

후술하겠지만 음혈인 유혈과 돌혈은 혈심이 가장 높고, 양혈과 음혈은 혈심보다 입수도두가 높은데 위치한다. 그렇다면 산 능선에서는 주로 경사져 내려오면서 결혈되기 때문에 혈심이 입수보다 낮게 된다. 이러한 지형에서 결혈되는 것은 음혈이 아니라 양혈, 즉 와혈이나 겸혈임에도 불구하고 음혈인 유혈로 취급하는 오류를 범하고 있다. 유혈과 돌혈과 같은 음혈은 입수가 혈심보다 낮기 때문에 비룡(飛龍)으로 올라가면서 결혈된다. 돌혈만 비룡으로 입수하는 것이 아니다. 우리나라 지형에서의 혈 사상을 분석하는 논문을 발표하게 된 동기도 어떻게 보면 이러한 이유를 규명하기 위한 것이다.

우리나라 지형에서는 분명하게 음혈과 양혈이 각각 2종류로 구분되고 있으며, 양혈 중에서도 양의 성질이 강한 것이 와혈, 약한 것이 겸혈, 음혈 중에서는 음의 성질이 강한 것이 돌혈, 약한 것이 유혈로 나타난다. 이렇게 혈의 사상을 구분해서 보지 않고는 우리나라의 땅을 제대로 읽을 수 없다는 점을 알아야 한다.

제4장

혈의 크기와 혈성

1. 혈의 크기

혈의 크기는 혈을 네 가지 형태로 구분하고 혈의 증거가 되는 혈증을 찾는 데 아주 중요하다. 자연이란 변화가 무궁하므로 자연의 열매인 혈의 크기 역시 산천 형세에 따라 달리 나타난다. 그러나 혈이란 산천의 정기가 모여서 응결(凝結)되어 있는 자연의 특정 부위이기 때문에 그 크기가 무한정 늘어나는 게 아니라 일정 범위 내에서 제한될 수밖에 없다.

『장서』에서는 "천 척의 길이는 세를 이루고, 백 척의 길이는 형을 이룬다(千尺爲勢, 百尺爲形)."라고 하였다. 이에 대하여 『장서』의 사고전서본의 주문에는 "천 척이란 거리가 멀어서 한줄기의 산이 내려오는 세력을 살피는 것이고, 백 척은 그것이 가까워 혈처의 형상을 살피는 것을 말한다."[47]라고 하여 세라는 것은 길고 먼 것이며, 형이라는 것은 짧고 가까운 것이므로 세는 내룡맥이 되고 형은 혈장이 된다는 것을 설명하고 있다.

여기서 척(尺)에 대하여 설명하고 넘어가고자 한다. 현재 기준으로 1척(자)이 30.3cm이지만 그 당시 중국의 도량형으로는 1척의 길이는 23cm 정도가 된다. 중국의 도량형을 살펴보면 전한(前漢)시대의 상용척(常用尺)은 약 23.1cm이며, 남조(南朝)에서 사용했던 척의 길이는 24.5cm 정도였는데 당대(唐代) 일행스님의 자오선 측적용 척, 송대(宋代) 사천감의 경표척(景表尺), 원대(元代) 관상대의 천문척(天文尺), 명대(明代)의 동규표척(銅圭表尺) 등은 모두 이 척도를 사용하였다. 천문척 1척의 길이는 남북조 시대 이후 1천여 년 동안 24.5cm정도를 유지해 왔으며, 청대(淸代)에 이르러 영초척을 사용하였는데 그 길이는 32cm 정도이다.[48]

---

47) 『葬書』, 「內篇」, "千尺言其遠 指一枝山之來勢也 白尺言其近 指一穴地之成形也."

48) 중국국가계량총국, 김기협 역(1993), 『중국도량형도집』, 법인문화사, 9쪽, 90쪽, 92쪽.

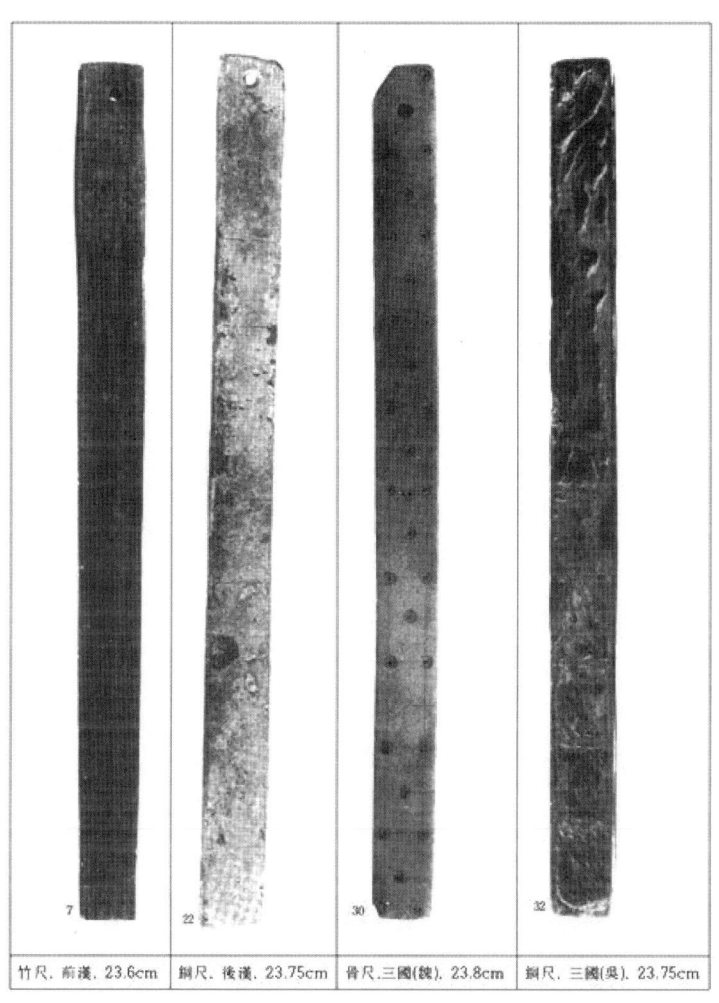

그림6. 고대중국의 다양한 도량형(출처:중국국가계량총국, 김기협 역(1993), 『중국도량형도집』)

실제 현장에서 혈의 크기는 지름 2미터 정도의 둥근 원(圓) 형태를 좌우에서 눌러 달걀모양의 세운 타원형 모양으로 보면 될 거 같다. 물론 혈의 사상에 따라 혈의 모양은 약간씩 달리 나타날 수 있지만 대략적으로 타원형을 하고 있다. 왜냐하면 지표면에도 그러한 형태로 나타나지만 혈의 사상별 혈증, 즉 오악(五嶽) 구성요소를 봐도 알 수 있다. 아래의 사진에서 보는 바와 같이 혈(당판)의 크기는 한 사람이 누울 정도에 불과하다.

그림7. 경북 청송 영양남씨 묘 아래의 생지혈

이처럼 혈은 직사각형이나 삼각형으로 나타나지 않고 타원형으로 나타난다. 그것이 자연의 질서다. 원(圓)이란 내적·외적 힘과 에너지가 서로 균형을 이룰 때 생성되는 가장 완벽하고 완전한 도형이라 말하고 있다. 우주에 있는 대소 행성의 크기를 불문하고 대부분 둥근 형태를 보이고 있는 것은 중력과 인력, 원심력과 전자기력 등 온갖 힘들의 대립 요소가 균형을 이루고 있음을 나타내는 상징이라고 하였다.

상식적으로 생각해 보면 원이라는 완전한 도형이 회전운동이 아니라 직진하는 운동성을 갖게 되면 약간 늘어진 형태의 타원형이 된다. 혈의 형태도 마찬가지로 용(龍)이 높은 데서 낮은 대로 진행하기 때문에 기운 역시 용을 따라 이동하면서 나가고자 하는 힘에 의하여 타원형으로 변화된 것으로 추정해 볼 수 있다. 원의 형태에 가까운 와혈 중에서 혈장의 폭이 좁은 협와(挾窩)가 아니라 정와(正窩)의 경우 좌우 폭보다는 상하 길이가 길게 조금 나타나고 있는 것은 이를 잘 대변해 주고 있다.

오악에 대하여는 앞서 설명하였지만 풍수 고전에 나와 있는 정식 용어는 아니다. 주로 현장에서 상법(相法)의 오악을 차용하여 혈상(穴相)도 오악으로 표현하는 것이다. 입수는 이마, 좌우의 선익은 관골, 전순은 턱, 당판은 코에 해당이 된다, 육악일 경우는 입혈맥은 콧등에 비유가 된다. 혈(穴), 즉 코는 정해진 위치에 있기 때문에 삐뚤게 놓을 수 없다. 땅의 지표면에 나타나는 오악을 보고 혈을 정해버리기(定穴 또는 正穴) 때문에 사실 패철이나 수맥봉 같은 풍수 도구가 필요 없다.

오악은 재혈(裁穴)할 때 그 진가를 발휘한다. 현장에서 '재혈(裁穴)은 6차원이다.'라고 말한다. 이 말은 재혈 시 전후좌우상하(前後左右上下) 6개의 요소를 고려해야 한다는 것이다. 전후 개념은 종선(縱線), 즉 입수(入首)와 전순(氈脣) 두 요소가 합하여 2차원이 되고, 좌우 개념은 횡선(橫線), 즉 좌선익(左蟬翼)과 우선익(右蟬翼)의 2차원인데 앞의 종선 2차원을 더하면 4차원이 된다. 그리고 상하 개념은 천광 시 고려되는 깊고 얕음의 심천(深淺) 2차원을 말하는데 앞의 4차원을 더하여 6차원이 된다.

다시 말하면 종선(입수와 전순의 연결선)과 횡선(좌선익과 우선익의 만곡된 부분의 연결선)의 가로세로 수평적 위치뿐만 아니라 천광(穿壙)의 수직적 위치인 깊고 얕음(深淺)이 재혈 시 고려되어야 한다. 횡선과 종선이 수평적 재혈이라면 심천은 수직적 재혈이 된다. 이 재혈의 6차원 역시 혈의 사상별 특징을 모르고서는 불가능하다. 그래서 혈의 사상별 분석이 필요한 것이다.

다시 돌아와 혈의 크기가 대략적으로 어느 정도인지 살펴보면, <그림 8>에서 보는 바와 같이 1평(3.3㎡)의 경우 가로 1.8m, 세로 1.8m의 사각형인데 1m 80cm의 신장을 가진 성인이 누워서 팔을 좌우로 뻗친 사각형의 면적이 된다. 필자는 당판의 크기(면적)를 1평보다 약간 적은 3.14㎡로 보고 있다. 혈은 원의 지름이 2m 정도가 되므로 계산 공식(3.14×반지름×반지름)을 적용하면 약 0.95평(3.14㎡)이 된다.

그래서 필자는 혈을 찾는 데 있어서 사신사 위주의 거시적 관법이 아니라 혈증 위주의 미시적 관법을 강조하는 것이다. 사신사 위주로 혈을 찾게 되면 하나의 산줄기에서 10m 정도는 아래로 내려와도 뒤로 올라가도 거의 동일하게 보이기 때문에 능선의 10m 뒤에도 10m 아래에도 혈이 맺힐 수 있다는 말과 같다. 혈은 눈에 확 띄는 사신사로 보고 찾는 것이 아니라 눈에 잘 보이지 않는 혈증으로 찾는 것이다.

당판(當坂)과 혈장(穴場)을 혼동하는 경우도 있다. 당판은 혈장 구성요소 중의 하나이다. 혈장은 입수도두(入首到頭), 선익(蟬翼), 전순(氈脣), 당판(當坂) 또는 혈토(穴土) 등으로 구성된 집합체다. 이를 혈장 4대 요소로 설명되고 있다. 선익이 혈장의 좌우에 하나씩 있으므로 실제 혈장의 구조는 모두 5개의 부분으로 구분된다.

당판은 혈장의 중심부에서 혈의 가장 바탕이 되는 곳으로 혈판(穴坂) 또는 혈장의 중심에 있다고 하여 혈심(穴心), 천심(天心)이라고 해서 혈장의 핵심이 된다. 입수도두, 선익, 전순을 뺀 혈장의 중심 부분이 당판이 된다. 당판은 혈의 바탕이 된다고 하는 '당처혈판(當處穴坂)에서 나온 말이다.

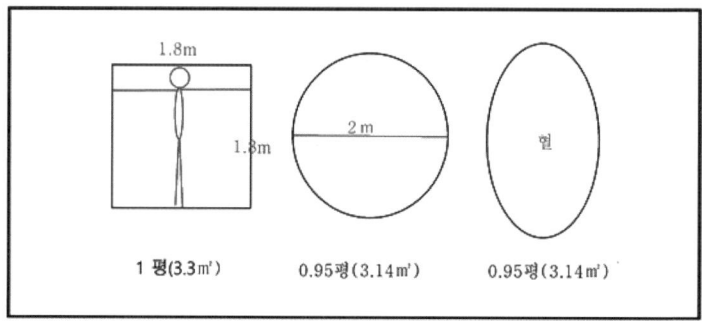

그림8. 혈(당판)의 크기

규장각본인 『금낭경』에서는 장열(張說)이 말하기를 "세란 용이 내려오는 것인데 천 척의 먼 거리로부터 오게 되며, 형은 세가 멈추는 곳인데 백 척의 가까운 범위를 살펴야 한다."[49]라고 하여 세는 움직이면서 내려오는 동적 상태의 내룡맥이며, 형은 세가 정지하여 기가 머무는 정적 상태의 혈장으로 보고 있다. 여기서 형의 백 척은 세의 천 척과 대비하여 아주 가깝거나 좁은 범위를 강조하는 정성적(定性的)인 표현도 되고, 실제 거리나 범위를 수치로 나타내는 계량적(計量的) 표현도 될 수 있다.

『지리신법』에서도 "음양오행의 기운이 온 산천에 가득 차 있는데 이 기운으로 백 척의 거리는 형을 이루고 천 척의 거리는 세를 이룬다."[50]라고 하여 혈장의 크기를 역시 백 척 정도로 크게 보고 있다.

『인자수지』에 "원훈(圓暈) 아래에 있는 것을 소명당이라 하고 혈을 세우는데 아주 중요하며, 이 소명당은 평정(平正)하여

---

49) 『錦囊經』,「因勢篇」, "勢者其來之來千尺之遠 形者氣勢止處於百尺之近觀之也."

50) 『地理新法』,「基穴論」, "陰陽五行之氣 充衍於山川之間 百尺之形 天尺之勢."

사람이 옆으로 누울 수 있어야 진혈이 되는 자리이다."[51]라고 하여 혈의 크기를 한 사람 누울 정도의 아주 협소한 범위로 한정하고 있다.

한편 『장서』의 사고전서본의 주석에서도 "무릇 천 리를 달려온 내룡이 다섯 자의 땅을 손에 넣었다 하더라도 겨우 손가락 하나의 차이의 어긋남이 있으면 그간 쌓아온 공이 없어진다."[52]라고 하여 혈장의 크기를 다섯 자 정도의 규모로 작게 잡고 있다.

『지리오결』에는 "혈장에 이르러 크면 수십 장(丈)[53]에 불과하고 작게는 단지 2~3장에 불과할 뿐이다. 여기에 십 장이나 2~3장 사이에 겨우 팔 척의 땅을 하나 구하여 혈을 정하는 것이다."[54]라고 하여 혈장의 크기는 몇 미터에서 수십 미터 정도이

---

51) 『人子須知』, 「穴證」, "小明堂在圓暈下最爲立穴緊要 此小明堂平正可容人側臥則眞穴居."

52) 『葬書』, 「內篇」, "夫千里來龍五尺入手 纔一指盡廢前功."

53) 1丈은 10척에 해당하는 길이다.

54) 『地理五訣』, 「穴訣倂言」, "穴場至大不過數十丈 若小則不過二三丈已耳 於此十丈二三丈之間 求一八尺之地以作穴."

고 혈판의 크기는 8척 정도에 불과하다고 하여 한 사람 누울 정도의 자리라는 것을 알 수 있다.

그리고 『인자수지』에서도 "진정으로 천리내룡도 입수에서 오직 팔 척의 혈을 융결시키고 기를 타서 뼈에 주입시키는데 조화는 모두 이것에 있다."[55]라고 하여 혈의 크기를 역시 8척 정도로 보고 있다.

현대에 와서 혹자는 혈(당판)은 기본적으로 보통 가로 세로 각 2m 정도며, 큰 것은 사방이 각 6m나 되는 넓은 혈도 있지만 혈장의 크기는 좌우는 15m, 상하는 20m 정도로 주장하고 있는데[56] 혈의 크기에 대한 인식은 예전이나 지금이나 큰 차이가 없음을 알 수 있다.

『설심부변와정해』에는 양택은 일편(一片), 음택은 일선(一線)이라고 하여 양택혈은 하나의 조각, 음택혈은 하나의 선이나 점 정도로 설명하고 있다. 음택과 양택의 혈장도 그 크기에 있

---

55) 『人子須知』, 「穴法」, "誠以千里來龍入首惟融八尺之穴 乘生氣注死骨 造化全在于此."

56) 박시익(2008), 『한국의 풍수지리와 건축』, 일빛, 128쪽, 134쪽.

어 어느 정도는 차이가 있으며, 음택혈은 양택혈에 비하여 상대적으로 작게 보고 있다.

풍수의 적용 대상은 음양 개념에 따라 크게 음택풍수(陰宅風水)와 양택풍수(陽宅風水)로 구분하며, 양택풍수는 다시 양택(陽宅)과 양기(陽基)로 나누고 있다. 우리나라의 경우 중국의 음택풍수의 영향을 받아서 양택이나 양기 역시 음택풍수 이론이 적용되고 있다. 일본의 경우는 우리와는 달리 중국의 양택풍수 이론이 도입되어 적용되고 있다.

음택과 양택풍수, 양기풍수 모두 생기가 맺힌 땅을 선택하고자 하는 이치와 근본은 차이가 없기 때문에 규국(規局)의 크기만 다르다고 여러 중국 풍수 고전에서 언급하고 있다. 그러나 음택과 양택에 있어서는 규국의 크기 외에도 여러 가지 차이가 있는 것으로 확인된다.

양택(건물이나 터)은 음택(묏자리)에 비하여 상대적으로 규모가 커서 음택 이론인 혈증(穴證)으로 판단하는 데에는 한계가 있다. 그래서 양택의 경우 차선책으로 양택3간법(陽宅三看法)이라든지 양택을 살피는 3요소(산, 물, 도로), 보국(保局)을 갖추었는지 여부 등을 살펴서 해당 건물이나 터의 길흉을 판단해야 한다. 따라서 음택의 경우에는 철저하게 혈증 위주의 미시적 관법으로 살펴야 한다.

우주에서 가장 아름다운 비율이 황금비율(黃金比率)이라고 한다. 인간이 인식하기에 가장 이상적이면서 균형적인 비율을 말한다. 황금비의 비율은 세로와 가로가 1:1.618이다. 이상적인 형태의 와혈(窩穴)의 경우 실제 자로 재어보면 좌선익과 우선익 사이의 거리가 약 5m, 입수와 전순 사이의 거리가 약 8m로 나오고 있다. 물론 이 혈은 정와(正窩)이므로 협와(狹窩)의 경우는 달라질 수 있다.

아래의 그림에서 보는 바와 같이 가로(횡선) 5m:세로(종선) 8m의 비율은 1:1.6이 된다. 그러므로 혈의 모양은 바로 황금비율이 된다. 세로 종선이 8m라는 것은 봉분의 중심으로부터 입수까지의 거리가 약 5m, 봉분 중심으로부터 전순까지의 거리는 약 3m 정도 나오기 때문이다. 3m:5m를 다시 비율로 확인해 보면 이것도 1:1.1666이 된다. 이 역시 황금비율이 산출되고 있다.

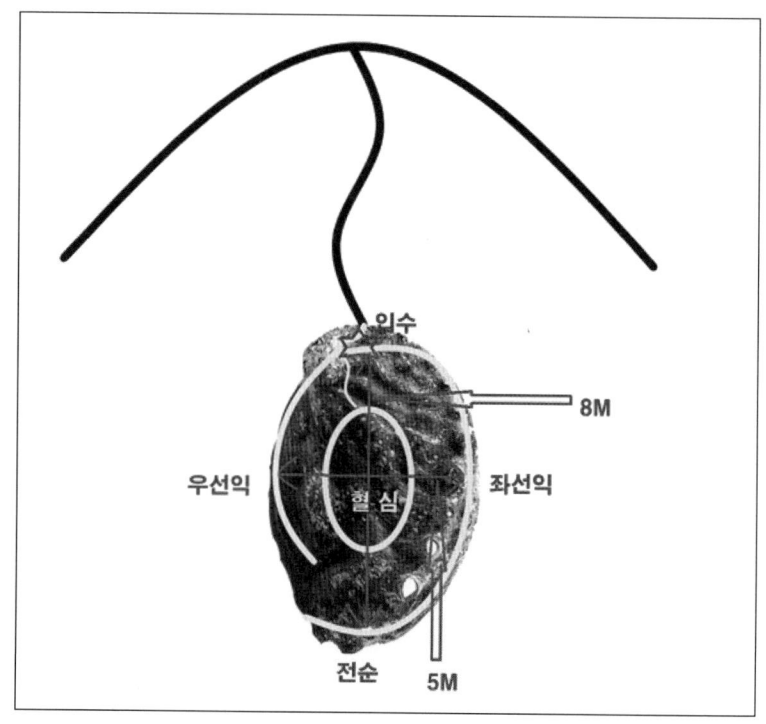

그림9. 전복껍질의 황금비율와 혈장의 크기

　　황금비율의 사례는 <그림 9>에서 보는 바와 같이 전복껍질에서 많이 찾고 있다. 필자는 혈자리를 보면 전복껍질이 연상된다. 용맥이 멈추어서 혈이 결지되는 첫 번째 조건이 J자 형태를 형성하느냐 여부를 따지는데 이 전복껍질이 성장하는 형태(껍질 표면에 층이진 나이테)가 거의 J자 용맥을 연상케 하며, 전복껍질의 모양 역시 혈의 모양과 유사하게 나타나기 때문이다. 전체적인 형태는 원이 아니라 타원형을 취하고 있다.

　결혈 조건을 갖춘 지형에서는 전복껍질의 모양이 나타난다. 용맥이 한 방향으로 틀어지면서 외곽에 둥근 윤곽이 보이는데 이것은 현장 용어로는 '시울'이 된다. 이 시울은 조금씩 꺾이면서 폭이 계속 줄어드는데 모습이 바로 혈장의 형태이다. 끝에 와서 능선이 폭이 줄어들면서 마무리가 되는 것은 기운이 응기·응축되어 결혈이 된다는 것을 의미한다. 이제 혈의 크기를 조금이라도 이해하였을 것으로 생각된다.

2. 혈성

혈성(穴星)이란 혈 뒤에 있는 산봉우리다. 이 산봉우리가 입수룡을 통하여 지기를 혈로 전달시킴에 따라 혈과 일체를 이룬다고 하여 혈성이라고 한다. 『감룡경』에서는 산봉우리는 하늘의 별(星)의 종류에 따라 이름을 지어 붙이게 되는데 하늘의 별이 땅으로 비추게 되면 산은 그 별의 기운대로 산의 모습을 갖춘다[57]고 하며, 하늘의 별은 북두칠성의 구성(九星) 이름과 밀접하게 관련되어 있고 그 구성의 기운이 땅속으로 흘러다닌다[58]고 하여 산봉우리는 하늘의 별로부터 기운을 받은 성체(星

---

57) 『撼龍經』, 「通論篇」, "峰以星名取其類 星辰下照山成形."

58) 『撼龍經』, 「垣局篇」, "北斗星宮係幾名 貪狼武星幷輔弼 祿文廉破地中行."

體)로 여기고 있다. 그리고 음양오행은 원래 하나의 기운으로써 하늘에서는 상(象)으로, 땅에서는 형(形)을 이루고 있음에 따라 하늘에서 별이 비추면 땅은 그것을 받아들여 하늘과 땅이 서로 감응하게 된다고 한다.[59]

풍수 고전에서의 산 형태를 보는 시각은 『감룡경』, 『의룡경』, 『지리신법』, 『옥수진경』 등은 구성론으로, 『인자수지』, 『감여만흥』 등에서는 오성론으로 구분하고 있으며, 『설심부』에서도 "오성의 변화를 잘 살펴야 한다."[60]라고 하여 역시 오성론으로 구분하고 있다. 『산법전서』에서는 "산에 들어가지 않고 우선적으로 보는 것이 산의 성신이다. 그러므로 먼저 성신은 하나가 아님을 말할 수 있는데 오성, 노구성(老九星), 천기구성(天機九星), 육부성(六府星)이 있다. 정체는 오성이고 변체는 구성이다."[61]라고 하며, 구성의 경우 양균송과 료금정이 각각 분류하

---

59) 『雪心賦辯訛正解』, "陰陽五行原屬一氣 在天成象在地成形 星之所臨 地之所鍾 上下相感而應."

60) 『雪心賦』, 「五星론」, "詳察五星之變化."

61) 『山法全書』, 「星辰」, "未入山而先見者 山之星辰也 故先言星辰不一 有五星有老九星有天機九星有六府星 正體者五星也 變體者九星也."

였다고[62] 설명하고 있다.

여기서 제시하고 있는 오성과 양균송과 료금정이 분류한 구성의 모양을 살펴보면, 오성이란 금목수화토로써 금성은 머리가 둥글면서 발은 넓고, 목성은 머리가 둥글면서 몸은 곧바르고, 수는 머리가 평평하면서 파도를 만드는 모양인데 평평하게 가면서도 마치 살아있는 뱀이 물을 건너는 것과 같고, 화는 머리가 뾰족하고 발은 넓고 토는 머리가 평평하고 몸은 높이 솟아나 있다. 오성가(五星歌)에 금성은 엎어 놓은 솥이나 기울어진 달과 같으며, 목성은 홀과 별반 차이가 없으며, 수성은 살아 있는 뱀이나 허리띠와 같으며, 화성은 각이 져서 쟁기 머리의 쇠와 같고 토성은 마치 부엌의 그릇을 담는 궤나 엎어 놓은 동이 같다[63]고 하는데 그 모양은 아래의 그림과 같다.

---

62) 『山法全書』, 「星辰」, "九星楊廖各分張."

63) 『山法全書』, 「星辰」, "金頭圓而足闊 木頭圓而身直 水頭平而生浪 平行則如生蛇過水 火頭尖而足闊 土頭平而體秀 五星歌曰 金星覆釜兼仄月 木星頓笏無差別 水似生蛇腰帶同 火星菱角犁頭鐵 土如廚櫃或覆盆."

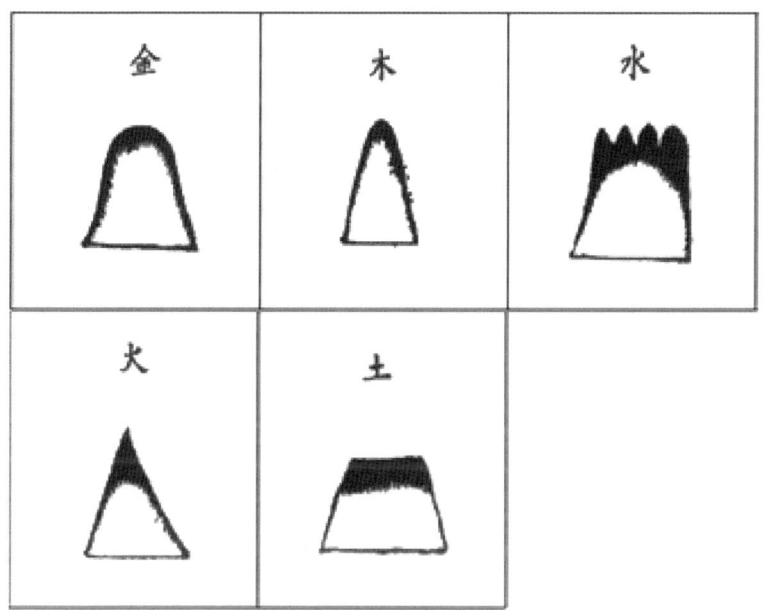

그림10. 오성도(출처: 『지리대성 산법전서上』, 무릉출판사, 2001)

노구성(老九星)이란 탐랑, 거문, 녹존, 문곡, 염정, 파군, 좌보, 우필을 말한다. 탐랑은 정목성을, 거문은 정토성을, 녹존은 토성과 금성의 겸체로 형태는 거치된 북과 같고 다리는 오이나 박과 같다. 문곡은 목성으로 한 필의 비단이나 살아 있는 뱀과 같고 염정은 여러 개의 불이 이어져 있고 머리가 뾰족하여 불꽃처럼 생긴 바위들이 찌를 듯이 겹겹이 띠를 두르고 있다. 무곡은 금성이며, 파군은 모양이 마치 달려가는 깃발과 같이 앞은 높고 꼬리는 낮아서 금두화각(金頭火脚)이다. 화각이란 날아올라서 날리는 칼과 창과 같다. 좌보는 모양이 마치 두건처럼 생겼고 위에서 본 모양이 보호성을 만들고 있으며, 우필은 숨어 있는 별이라 형상이 없고 내룡이 과협이나 밭을 지나갈 때 평탄하여 능선이 없거나 평지(천전협)인 것을 이른다[64]고 하였다.

그리고 탐랑(貪狼)은 홀(笏)이나 죽순이 가지런하게 처음 생겨나는 모양과 같고, 거문(巨門)은 달리는 말과 병풍을 펼쳐놓은 것 같고, 문곡(文曲)은 배아(排牙)나 버드나무의 가지와 같고, 녹존(祿存)은 돼지 배설물의 마디 같고, 염정(廉貞)은 빗살이나 찢어진 옷을 걸어 놓은 것 같고, 무곡(武曲)은 만두같이 둥글게 굽어 있는 거 같고, 파군(破軍)은 파손된 우산이나 박판

---

64)『山法全書』,「星辰」, "老九星者貪 狼巨門祿存文曲廉貞武曲破軍左輔右弼 貪狼卽正木星 巨門卽正土星 祿存乃土金兼體 形如頓鼓 脚如瓜瓤 文曲卽水星匹練生蛇 廉貞乃數火連座 頭尖而餤帶石稜層 武曲卽金星 破軍形如走旗頭高尾下金頭火脚 火脚飛揚如劍戟 左輔形如幞頭乃眠體作護之星 右弼爲隱曜無形象 乃來龍過峽串田 平坦無脊處及平地是也."

(拍板) 같고, 좌보(左輔)는 복두(幞頭)와 구별할 법이 없다[65]고 하며, 노구성의 모양은 아래의 그림과 같다.

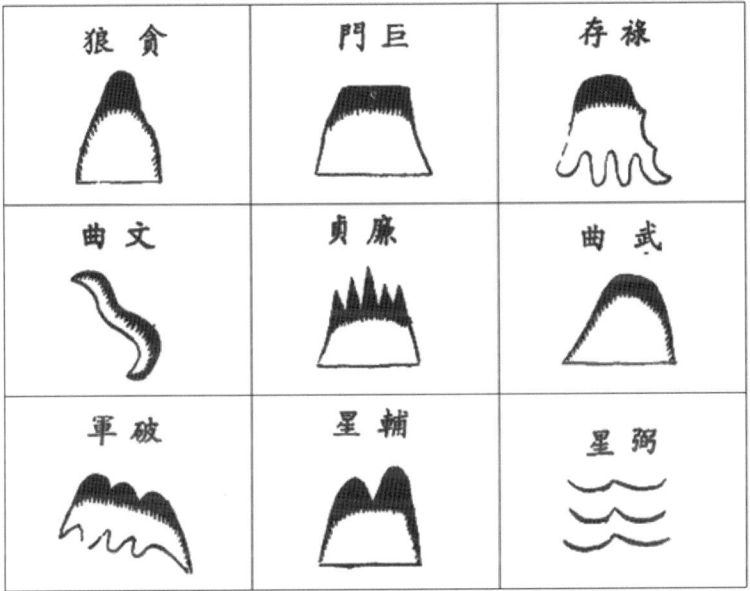

그림11. 노구성도(출처;『지리대성 산법전서上』, 무릉출판사, 2001)

---

65) 『地理唊蔗錄』,「穴星」『山法全書』,「星辰」, "貪狼頓笏笋初生 巨門走馬屛風列 文曲排牙似柳枝 惟有祿存猪屎節 廉貞梳齒掛破衣 武曲饅頭員更曲 破軍破傘拍板同 左輔幞頭無別法."

그리고 "천기구성이란 태양, 태음, 금수, 자기, 천재, 천강, 고요, 조화, 소탕을 말한다. 태양은 높이 솟은 금이며, 태음은 낮은 금이다. 금수는 금과 수가 합쳐진 것으로 머리는 하나지만 봉우리는 두 개며, 자기는 목성이다. 천재는 토성이며, 평평한 봉우리, 쌍봉, 꺼진 봉우리 3가지 성체가 있다. 천강의 머리는 금이며, 다리는 화이므로 성질이 완고하고 험하고 높고 큰 금이다. 고요는 모나지도 않고 둥글지도 않아서 토성과 금성을 합한 모양으로 완고하고 우둔하며, 살찌고 조잡한 봉우리다. 조화는 화성이며, 무늬와 물결 모양이 많고 요철이 중복되고 굴곡이 많으며, 흘러가는 모양의 수성이다."[66]라고 하며, 천기구성의 모양은 아래의 그림과 같다.

---

66) 『山法全書』, 「星辰」, "天機九星者 太陽太陰金水紫氣天財天罡孤曜燥火掃蕩 太陽乃高金 太陰乃扁金 金水乃金水兼體一頭兩星 紫氣卽木星 天財卽土星有平腦雙腦凹腦三體 天罡乃金頭火腳頑惡高大之金 孤曜不方不員土金星兼體 頑鈍肥蠢之星 燥火卽火星 掃蕩乃多汶多浪凹凹凸凸 多曲多蕩之水星也."

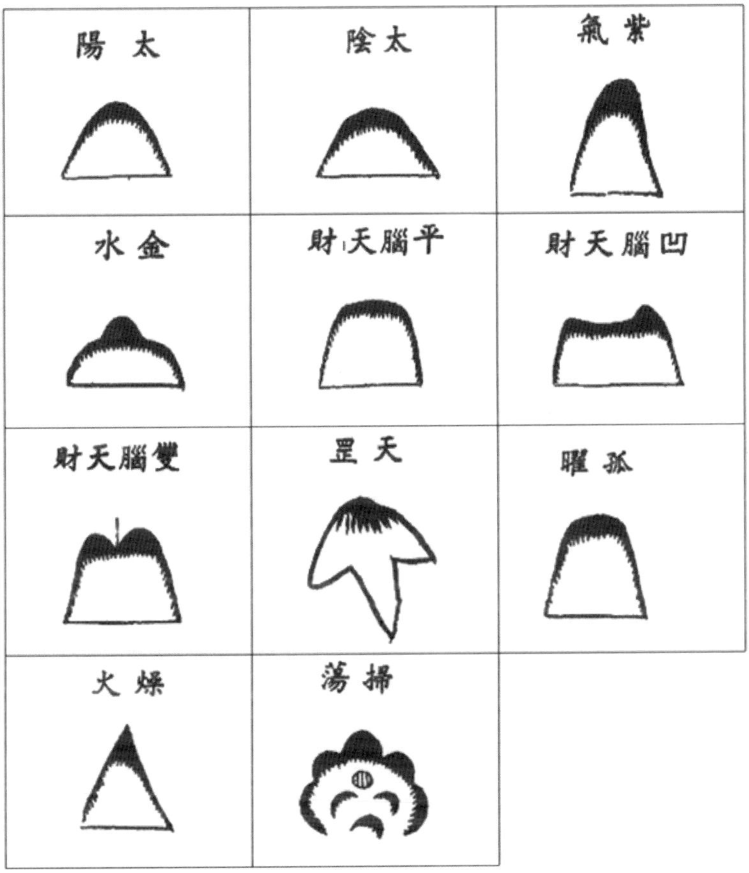

그림12. 천기구성도(출처; 『지리대성 산법전서上』, 무릉출판사, 2001)

그 외에도 육부성이라는 것이 있는데 "육부자란 태양, 태음, 자기, 월패, 계라를 말한다. 육요[67]라고 하기도 하고 삼태라고도 하다. 이러한 성체는 찾으려 해도 평소 쉽게 볼 수 없으며, 높고 맑은 기가 생기는데 큰 산의 정상에서 발생된다. 큰 산의 평평한 곳에서 솟은 봉우리가 육부자이다."[68] 육부의 모양은 아래의 그림과 같다.

그림13. 육부성도(출처;『지리대성 산법전서上』, 무릉출판사, 2001)

---

67) 『柳莊相法』, 『麻衣相法』 등 관상학에서는 태양은 왼쪽 눈, 태음은 오른쪽 눈, 자기는 인당, 월패는 산근, 라계는 왼쪽 눈썹과 오른쪽 눈썹을 지칭한다.

68) 『山法全書』, 「星辰」, "六府者 太陽太陰紫氣月孛計羅是也 又名六曜 又名三台 此星非尋常易得 乃高淸之氣所生 生又大山頂上 乃大山平處 生起小星峰是也."

『감룡경』에서는 구성별로 혈이 결지되는 모양을 설명하고 있는데 탐랑 유두혈(乳頭穴), 거문 와혈(窩穴), 무곡 채겸혈(釵鉗穴), 녹존 소치혈(梳齒穴), 염정 여벽두혈(犁鐴頭穴), 문곡 장심혈(掌心穴), 파군 과모혈(戈矛穴), 좌보 연소혈(燕巢穴)이 생긴다고 하였다.[69] 그리고 필성(弼星), 즉 우필(右弼)의 경우는 팔성(八星)을 따라다니며 높고 낮은 곳에서 모습을 드러내기 때문에 일정한 모양이 아니라고 한다.[70]

　『의룡경』에서 양균송은 용 위에 솟아난 봉우리의 모양을 보고 그 앞에 결혈되는 혈의 모양을 알 수 있으며, 겸혈이 되기도 하고 유혈이 되기도 하고 혹은 와혈이 되기도 한다. 경우에 따라서는 혈이 험하거나 평탄한 곳에 있기도 하고 손바닥 같은 모

---

69) 『撼龍經』,「變穴篇」. "貪狼作穴是乳頭 巨門作穴窩中求 武曲作穴釵鉗覓 祿廉梳齒犁鐴頭 文曲穴來坪裡作 高處亦是掌心落 破軍作穴似戈矛 兩傍左右手皆收 定有兩山皆護衛 不然一水過橫流 輔星正穴燕巢仰 若在高山掛燈樣 落在低平是雞巢."

70) 『撼龍經』,「右弼」.

습을 하기도 한다. 이것을 유성정혈법이라고 한다.[71]라고 하였다. 이는 산, 즉 혈성과 혈의 종류, 위치, 모양은 서로 상관관계가 있음을 강조하고 있다. 그리고 혈은 혈성, 즉 구성(九星)에 따라 정해진다고 하는 유성정혈법(流星定穴法)이라는 심혈법(尋穴法)을 제시하고 있다. 혈은 혈증 위주로 살피는 미시적 관법이 되어야 하는데 유성정혈법의 경우 거시적 관법으로 살피는 심혈법이다.

『인자수지』는 이러한 성체를 구분하는데 있어서 오성(五星)은 정격(正格), 구성(九星)은 변격(變格)으로 한다는 등 사람마다 달리 적용하는 실태를 보고 혈성의 근본적인 형체는 오성으로 구분해야 한다는 결론을 내리고 있다.[72] 그러나 『산법전서』에서는 오성만으로는 용을 구분할 수 없기 때문에 구성이 나온 것이며, 야외로 나가서 산을 살펴보면 정체인 오성의 형체를 취하는 것이 많지 않으므로 구성으로 산을 분별해야 한다는

---

71) 『疑龍經』, 「下篇」, "我觀星辰在龍上 預定前頭穴形象 爲鉗爲乳或爲窩或險或夷或如掌 歷觀龍穴無不然 大小隨形無兩樣 此是流星定穴法."

72) 『人子須知』, 「穴星」

태도를 취하고 있다.[73)]

『지리담자록』에서는 오성이 결혈되는 형태와 각 형태별 혈자리를 제시하고 있다. 즉 금성(金星)은 대부분 수형(獸形)으로 결혈을 하고 혈은 머리와 배에 있으며, 목성(木星)은 대부분 인체(人體)를 형성하고 혈은 배꼽에 있으며, 수성(水星)은 사룡(蛇龍)에 결혈을 하고 혈은 코와 이마 사이에 있으며, 화성(火星)은 금조(禽鳥)에 결혈을 하고 혈은 날개 아랫부분이다[74)]고 하였다.

『인자수지』에서는 "무릇 정혈은 입수되는 산이 어떤 성체를 이루었는가를 반드시 살펴야 하는데 성체가 명백하면 올바른 생기가 만들어지고 모이는 것이나 만약 성체를 이루지 못하면 올바른 생기가 만들어지지 못하는 것이다."[75)]라고 하여 성체

---

73) 『山法全書』, 「星辰」.

74) 『地理啖蔗錄』, 「穴法補義」, "金星多結獸形穴在頭腹 木星多成人體穴臍陰水結蛇龍鼻頞之間可取 火結禽鳥翼呵之下."

75) 『人子須知』, 「穴星」, "凡點穴須審入首之山成某星體 星體明白方是眞氣融結 若入首之山不成星體 卽是眞氣不融."

의 생김새가 분명해야만 혈이 결지될 수 있음을 설명하고 있다. 혈성의 오성은 목성, 화성, 토성, 금성, 수성이 있으며, 오성에는 각기 정체(正體), 측뇌(側腦), 평면(平面)의 3격이 있는데 그 3격은 그 성체의 정면, 측면, 평면으로 나누고 있다. 여기서 정체란 그 성진(星辰)의 머리가 단정한 것을 말하고, 측뇌란 성진의 머리가 비스듬하게 형체가 기울어진 것을 말하며, 평면이란 성진이 땅바닥에 넘어져 형체가 평평한 것을 말한다.

이상과 같이 혈장의 한 부분을 차지하고 있다는 혈성의 종류에는 어떠한 것이 있으며, 혈과 혈성의 관계는 어떠한지에 대하여 알아보았다. 풍수 고전에 혈성을 이루는 산의 형태를 구분하는 것이 나와 있기 때문에 살펴보았는데 필자로서도 난해한 부분이 많다. 용어도 생소하고 실제 고전에 나와 있는 그림을 가지고 일일이 현장에 적용할 수 있는지 여부도 회의적이다. 다만, 고전에서 주장하는 한 가지 논리를 콕 집어서 말하라면 혈성에 따라 그 모양에 걸맞는 혈이 미리 정해진다는 것이다.

그러나 현장에서는 이러한 이론을 적용하기가 어렵다. 혈의 4가지 종류, 즉 와혈, 겸혈, 유혈, 돌혈은 혈장 그 자체가 하나의 완성품인데 혈성까지 혈과 연결시키는 것은 맞지 않다고 본다. 왜냐하면 혈이라는 완성품은 그 구성요소나 결혈조건, 지기의 입혈(入穴) 원리에 따라 사상(四象)이 정해지기 때문이다. 혈장은 내룡맥이 입수한 다음의 일이다. 그리고 혈성은 내룡맥이 혈로 입수하기 전의 일이다. 그렇다면 입수룡과 일체를 이루는 산봉우리, 즉 혈성은 단지 기운만 내려주고 혈의 종류는 입수룡이 입혈되는 과정에서 그 어떤 작용이나 자연의 질서에 의해서 정해진다.

혈성이 오성이 되었든 구성이 되었든 간에 혈은 혈성에 따라 결정되는 것이 아니라 용이 행도를 하다가 멈추는 마지막 동작, 즉 마무리하는 산의 질서가 어떤 형태를 띠는지에 따라 혈의 종류 또는 모양이 결정된다. 풍수의 백과사전이라 할 수 있는 『인자수지』에는 꽤 많은 부분을 혈성에 관하여 논하고 있다. 학술논문 등의 연구를 위해서 참고할 사항은 될지언정 혈을 찾는 수단으로는 바람직하지 못한 논리라고 본다. 혈성 이론은 어디까지나 이론으로만 받아들이고 실제 혈이 맺히게 하는 결혈조건이나 지기의 입혈 원리, 혈장의 구성요소 등을 보고 혈의 종류를 판단해야 한다.

제5장

한국지형의 혈 사상 분석

이번 장에서는 혈 사상의 모범적인 사례지 한두 곳에 대하여 예시를 들어 혈의 4가지 형태별로 어떠한 특징을 가지는지 들여다본다. 중국의 풍수 고전이나 우리나라에서 발행된 풍수 서적들이 주장하는 혈 이론은 참고만 하고 오로지 땅의 지표면에 나타난 그대로의 형태만을 보고 분석하였다.

1. 와혈의 혈장 분석

<그림 14>는 경북 일직면 용각리 소재 민묘의 혈상도(穴象圖)이다. 이 묘지는 와혈의 전형적인 모습을 보여주고 있다. 이 혈장의 구조를 살펴보면, 현무정으로부터 낙맥(落脈)한 용(龍)이 상하고저(上下高低) 변화 없이 좌우로 위이(逶迤) 운동만 하면서 아래로 내려온다.

이 민묘로 내려온 용(龍)은 입수도두를 미미하게 일으키고 좌선룡(左旋龍)으로 마무리면서 혈을 맺었다. 입수도두에서 소개장(小開帳)을 하여 중간으로는 입혈맥이 혈심으로 들어가고 있으며, 날개를 펼치듯이 왼쪽으로는 좌선익, 오른쪽으로는 우선익을 둥글게 뻗는다.

용맥이 좌선룡임 따라 좌선익이 발달하여 혈 앞까지 둥글게 환포하면서 뻗어나가 전순까지 연결되고 있으며, 우선익은 혈

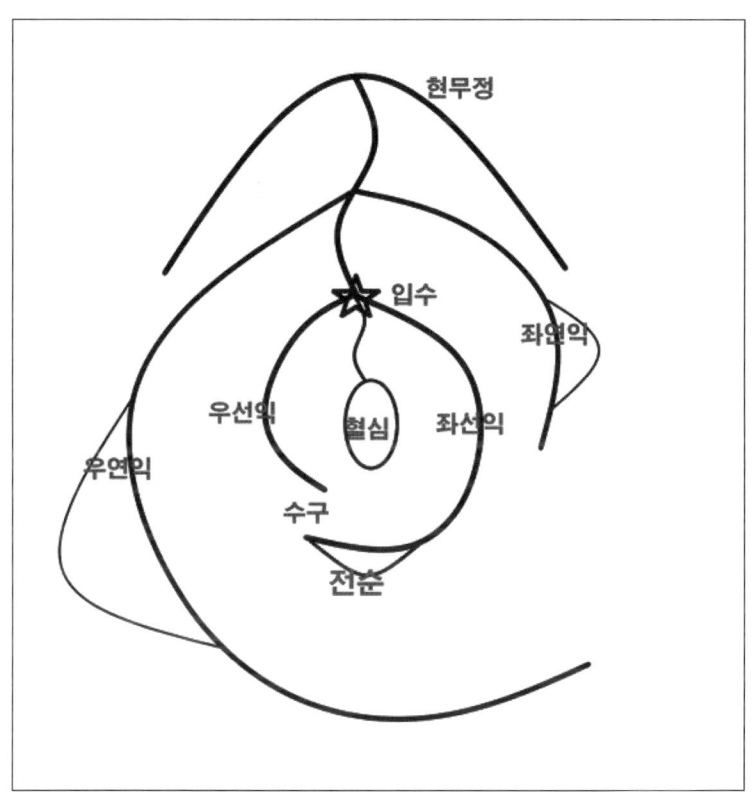

그림14. 경북 안동 용각리 와혈 민묘 혈상도

의 우측을 감싸고 있으나 좌선익보다는 상대적으로 짧게 형성된다. 좌선익과 우선익 끝 지점 사이에는 혈장 내의 물이 빠져나가는 수구(水口)가 형성되어 있다.

혈장을 중심으로 하여 좌우선익 밖으로는 다시 외선익이라 할 수 있는 연익(燕翼)이 좌우에서 혈을 감싸고 있다. 대개 선익은 지표면에 미세하게 나타나 육안으로는 거의 확인이 어려운데 이 묘에서는 누구나 확인이 가능할 정도로 선익이 아주 선명하게 보인다.[76] 선익이 자연 상태로 보존되어 있어 와혈의 표본적인 혈장 구조를 보인다.

와혈은 전체적인 혈형(穴形)을 놓고 보면 유혈처럼 생겼지만 그 혈장 하나하나의 요소를 들여다보면 와혈의 모양을 띠고 있다. 와혈은 입수도두로부터 머리를 들어주면서 소분맥하여 중간에 천심맥(穿心脈)인 입혈맥(入穴脈)이 나가고 양쪽으로 선익이 만들어지는 모양이다. 입수룡이 머리를 든다는 것은 현무가 수두(垂頭)하는 형태로 볼 수 있다. 즉 입수도두가 들어주어야 맥을 펼칠 수 있는데 배를 불룩하게 내밀어서는 개장이 될 수 없다. 산(용맥)이 들려서 분맥이 되려면 숙이는 형태가 되어야 한다. 입수에서 갈라지는 맥(선익)은 안쪽에 살이 많이 붙

---

[76] 이 묘지의 선익은 인공적으로 만들었다고 할 정도로 아주 선명하게 나타나고 있으며, 묘지를 조성하기 전에 이곳을 답산한 답산자와 묘지 조성에 참여한 사람들은 묘지가 조성되기 전의 형태와 같다고 진술하고 있다.

그림15. 경북 안동 용각리 와혈 민묘

는 게 아니라 상대적으로 파여서 굽어져야 한다. 그래야 입수에서 선익이 갈라져 혈을 감쌀 수 있다. 실제 현장에서는 선익이 너무 미세하게 나타나기 때문에 육안으로 확인이 잘 안 되는 경우가 많다. 특히 선익이 서서 오는 입맥(立脈)인 경우는 확인하기 쉽지만 엎드려 오는 포맥(匍脈)은 보기가 어렵다.

좌우의 선익 중 하나가 더 길어서 전순까지 연결되어 있는데 이러한 형태의 혈장이 와혈로 정의될 수 있다. 여기서 좌선룡과 우선룡의 구분은 혈심에서 가장 가까운 선익 중의 하나가 어느 것이 혈 앞을 감싸면서 전순과 연결되어 있느냐에 따라 구분된다. 좌선익이 길어서 혈을 감싸면서 전순과 이어져 있으면 좌선룡이 되고, 우선익이 좌선익보다 상대적으로 길어서 혈 앞까지 이어져 전순을 만들면 우선룡이 된다. 본 사례 대상지는 좌선익이 전순에 연결되어 있기 때문에 좌선룡이다. 이는 용이 좌선(左旋) 또는 우선(右旋)으로 틀어지게 되면 밀어주는 부분에서 힘이 강하게 작용하고 반대편은 급하고 골이 생기기 때문이다.

와혈의 혈장은 입수도두가 가장 높은데 그래야만 가지가 벌어지듯이 소개장을 할 수 있게 된다. 입수도두가 혈심보다 낮은 상태에서는 가지를 절대 펼 수 없다. 혈장의 중심에 있는 혈심이 입수도두나 좌우의 선익보다 상대적으로 낮게 형성되기 때문에 이러한 형태의 혈을 와혈로 분류한다. 그리고 입수도두가 혈심보다 높이 들렸느냐 그러지 않느냐에 따라 양혈과 음혈로 구분할 수 있는데 입수도두가 혈심보다 높은 것은 양혈인 와혈 또는 겸혈로 분류되고 입수도두가 혈심보다 낮은 것은 음혈인 유혈 또는 돌혈로 분류된다. 이처럼 혈의 사상을 분류하는 기준의 하나가 바로 선익이다. 그 외에도 전순의 위치, 선익의 모양이나 유무 등에 따라서도 혈의 사상이 판별된다.

2. 겸혈의 혈장 분석

<그림 16>은 경기도 남양주 와부읍 덕소리에 있는 임유손 묘의 혈상도이다.[77] 현무정에서 낙맥하여 내려오는 용은 혈 후 몇 절로부터 큰 변화 없이 밋밋하게 진행하다가 혈에 이르러 입수도두를 일으키며 소개장을 한다.

입수에서 소분맥을 하여 좌측으로는 좌선익, 우측으로는 우선익, 중간으로는 입혈맥을 혈심(穴心)으로 내려주고 있다. 좌우선익에 요성이 붙어서 힘을 밀어줌에 따라 좌우 선익이 안으로 굽어지고 있다. 좌선익은 우선익보다 상대적으로 짧고 우선익이 길게 굽으면서 혈 앞까지 돌아서 둥글게 감싸주고 있다.

---

77) 경기도 남양주시 와부읍 덕소리에 있는 김번, 김생해 선생 묘의 좌측 능선 끝자락에 있다.

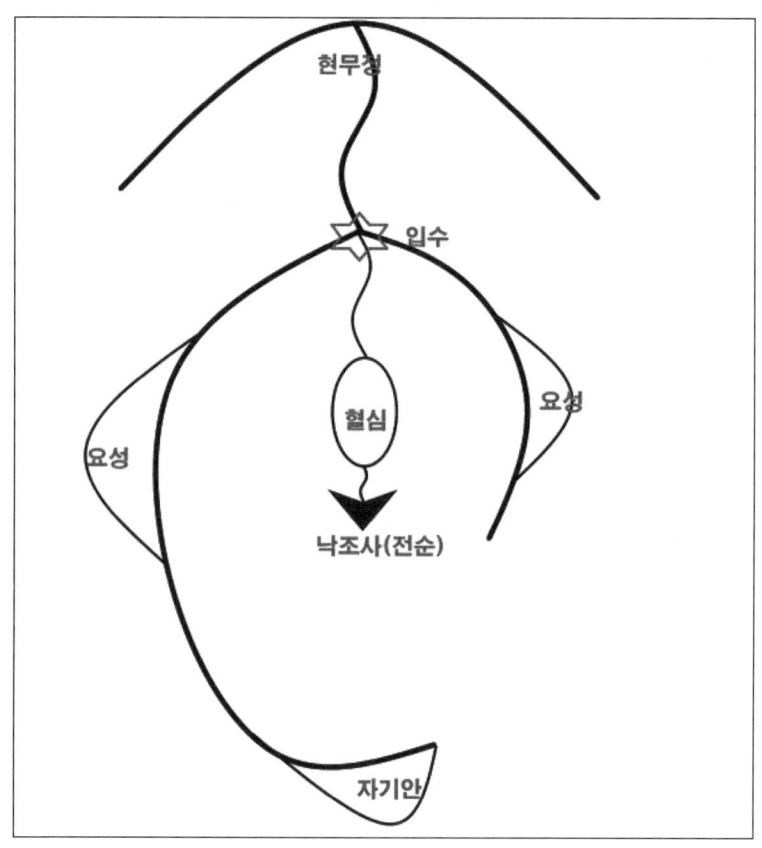

그림16 . 경기 남양주 임유손 묘 혈상도

입혈맥은 혈을 결지시키며, 혈에서 나온 여기가 전순을 만들고 우선(右旋)하면서 멈춘다. 겸혈에서는 혈심으로부터 나온 여기(餘氣)가 전순을 만드는데 이 전순이 대추씨 모양으로 생겼다

하여 낙조사(落棗砂)라 부른다. 우선익은 전순과 일정 거리를 두고 떨어져서 작은 안산(案山)이 형성되는 혈장 구조를 갖추게 된다. 현장에서 발견되는 다른 겸혈 역시 용맥이 좌우선(左右旋)하는 것만 다르지 모두 이러한 혈장 구조를 가진다.

  이 묘는 겸혈 중에서도 다리가 굽어 있으므로 곡겸(曲鉗)이다. 우선익이 강하게 이끌고 있으며, 양다리(선익)가 있는데 육안으로 쉽게 볼 수 있을 정도로 뚜렷하게 나타난다. 선익은 혈의 사상 중 겸혈에서 가장 선명하게 나타난다. 겸혈의 좌우 선익의 길이가 고르지 못하고 한쪽은 길고 한쪽은 짧은(혹은 없음) 것을 단제(單提)라고 하는데 이 묘는 오른쪽이 길고 왼쪽이 짧은 우단제 형태를 취한다. 그래서 오른쪽의 우선익이 단제가 되어 자기안(自己案)을 만들고 있다.

  전순과 자기안의 사이에는 일정한 거리를 두고 있으며, 움푹 들어간 공간이 형성되어 있다. 현재의 봉분은 선익과 선익이 연결되는 겸두(鉗頭), 즉 입수도두 부분에 조성이 된 것으로 보인다. 그래서 겸두 아래가 정혈(定穴, 正穴)이므로 재혈 시 고려하여야 한다. 겸혈의 혈장 구조를 알아야만 제대로 된 재혈이 가능하다.

  겸혈은 양다리가 있는 모양을 하고 있다. 양다리가 선익이며, 이러한 선익이 혈장에 붙어 있어서 겸혈은 사신사가 필요

그림17. 경기 남양주 임유손 묘

없다. 사신사가 있으면 좋겠지만 사신사가 필요 없다고 한 이유는 혈장의 선익사가 혈을 보호하는 사신사 역할을 하기 때문이다. 겸혈은 전순에 대(帶)가 있는 것이 아니라 낙조사가 있어야 한다. 와혈은 둥근 형태의 횡대(橫帶)가 있어야 하는데 이것이 겸혈과 와혈을 구분할 수 있는 기준이 된다. 낙조사와 횡대는 모두 전순을 두고 하는 말이다. 겸혈에서 낙조사가 없다면 전순이 형성되지 않았다는 것이며, 양다리 사이의 중간에 골이 생겨 혈이 결지될 수 없다.

3. 유혈의 혈장 분석

<그림 18>은 김천시 구성면 금평리에 있는 생지혈이다. 현무정에서 낙맥하여 내려온 용은 혈 후에서 양룡으로 변하여 평평하게 진행하다가 우선룡으로 마무리하면서 혈을 만들어내고 있다. 혈이 혈장의 중심에 맺히기 때문에 입수도두와 전순은 혈심보다 낮은 위치다. 이 혈은 입수와 혈심의 높낮이가 아주 미미한 차이다.

주룡(主龍)이 진행을 하다가 입수도두에서 지기를 취합한 후 미세하게 들면서 입혈맥을 통하여 혈로 들어가며, 입혈맥이 혈을 결지하고 혈의 여기가 다시 전순을 만든다. 이 생지의 용맥은 혈장에 이르러 좌우에 요성이 타탕(拖湯)[78] 형태로 붙어

---

[78] 혈장 보조사인 귀성, 관성, 요성은 타탕(拖湯)과 파조(擺燥)의 형태가 있다. 파조는 삼각형 모양으로 끝이 뾰족하며, 타탕은 둥글게 붙어 있는 모양이다.

있고 앞에는 관성(官星)이 붙어서 더 이상 용맥이 못 내려가게 됨에 따라 J자 형태로 틀어질 수밖에 없다.

그림18. 경북 김천시 금평리 유혈 생지

아래의 생지혈 혈상도를 보면 용맥의 끝이 거의 270도 정도를 돌아가고 있는 모습이다. 용맥의 끝에는 골이 생기고 반대편 우측에는 상대적으로 살이 많이 붙어서 계속 우선룡으로 틀어지도록 밀어주고 있다. 이 자리를 반대로 좌선(左旋)한다고 주장하는 사람도 있으나 살(흙)이 많이 붙어 있는 쪽에서 살이 없는 골진 쪽으로 밀어줘서 용맥이 돌아가는 것이 산의 질서다.

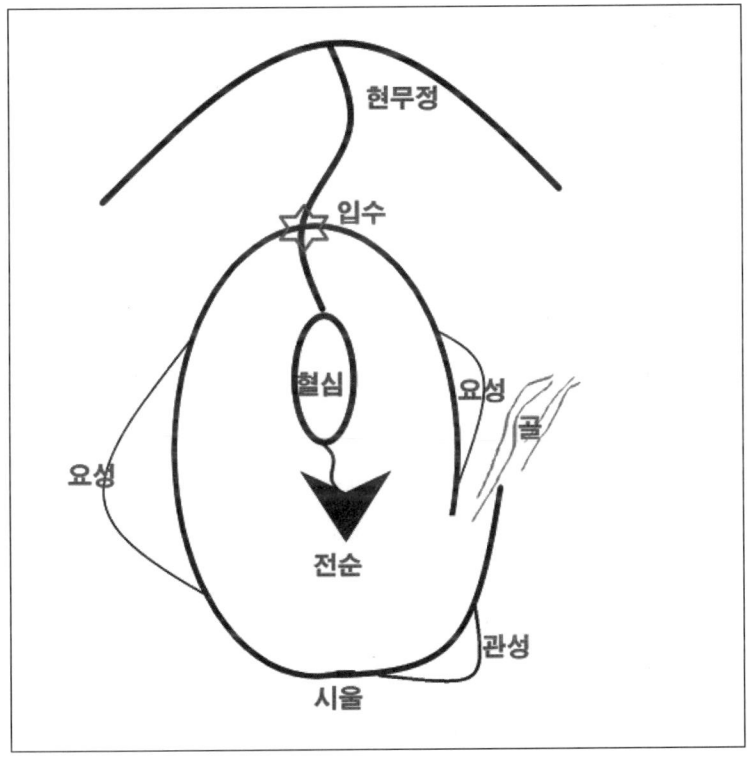

그림19. 경북 김천시 금평리 유혈 생지 혈상도

여기서 J자 용맥이 무엇인지 살펴볼 필요가 있다. 지기가 흘러서 내려가다가 혈자리가 되는 곳은 반드시 산능선의 끝이 좌측이나 우측으로 틀어지게 되며, 틀어진 그 앞에서는 일정한 층을 이루면 맥이 단절된다.

이러한 곳이 진정한 용진처(龍盡處)이자 맥진처(脈盡處)로써 '계수즉지(界水則止)'가 된다. 만약 용이 한 방향으로 틀지 않고 좌우로 흔들면서 계속 운동을 하게 되면 기운도 같이 따라가기 때문에 결혈이 안 된다. 운동하는 용과 틀어서 마무리하는 용을 구분하는 것이 심혈의 첫 번째 순서라고 해도 무리가 없다.

산맥은 좌선(左旋)으로 돌거나 우선(右旋)으로 돌아서 마무리함과 동시에 진행을 못 하게 앞에서 뚝 끊어지듯 마무리하면 혈이 형성된다. 떨어지는 높낮이는 혈 후에서 내려오는 산맥의 상태에 따라 격차가 많이 날 수도 있고 눈에 보이지 않을 정도의 미세한 층을 이룬 경우도 있다. 전순이 좌나 우로 회전하면서 끝마무리를 하면 완벽한 전순이 된다.

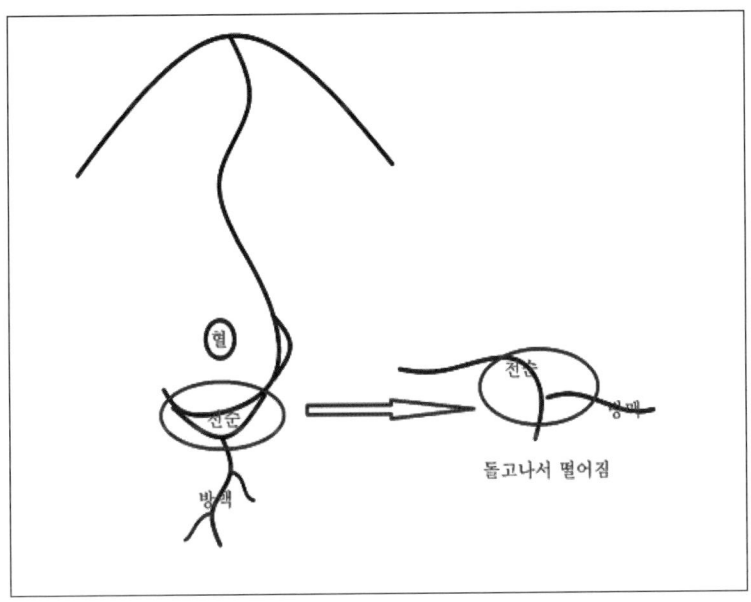

그림20. 'J'자 용맥도

이 'J'자 용맥과 관련된 풍수 고전을 하나 들어보면, 『감룡경』 무곡편에서 "용은 가지를 나누고 맥을 쪼개 나가는데 용의 머리를 돌리지 않으면 혈장의 기운을 빼앗아가서 기운이 온전치 못하다.(分枝劈脈不回頭 奪我正身少全氣)"라고 하여 용이 머리가 돌아주어야 기가 응축될 수 있음을 설명하고 있다.

유혈은 풍만한 여성의 유방을 연상케 한다. 유방에서 제일 중요한 곳은 젖꼭지 부분인 유두인데 유방의 제일 높은 부위에 위치한다. 혈장 역시 마찬가지로 혈장에서 제일 중요한 혈심은 혈장의 제일 높은 부분에 위치한다. 유혈은 혈심의 높이가 혈장에서 가장 높다는 점에 대해서는 돌혈과 같은 구조를 갖는다. 왜냐하면 같은 음혈이기 때문이다.

실제 현장의 생지혈에서는 여성의 유방처럼 지표면으로부터 심하게 부풀어 오르지 않고 주위보다 약간 높아지는 경향을 보인다. 돌혈과 비교가 되는 것은 돌혈이 유혈보다 더 높이 솟아있기 때문에 혈장의 경사가 유혈보다 급하다. 그래서 돌혈은 혈을 받쳐주기 위한 현침사(懸針砂)가 형성되어 있다. 그렇다 하더라도 이는 일반적으로 나타나는 것이지 반드시 돌혈이 경사도가 크다는 것은 아니므로 현침사 유무 등 혈장의 구조를 살펴서 유혈과 돌혈을 구분하여야 한다.

대개 주룡은 평평하고 낮은 양룡으로 입수하여 손등과 같은 볼록한 혈장을 만드는데 혈심 부분이 높기 때문에 입수와 전순은 혈심보다 낮게 형성되는 구조다. 혈심에 앉아서 전순을 보면 혈장의 윤곽선이 둥그렇게 혈을 향해 휘어진 모습으로 나타나고 있다. 이것이 바로 유혈 혈증 형태로써 둥그렇게 나타나는 윤곽을 현장에서는 '시울'이라 한다.

'시울'이란 답산 현장에서 사용하는 용어인데 사전적으로는 약간 굽거나 휘어진 부분의 가장자리를 말한다. 흔히 눈이나 입의 언저리를 이를 때에 쓰인다. 그래서 입술을 입시울이라고 하며, 눈은 눈시울이라고 한다. 즉 현장에서 보면 지형이 끊어지지 않고 빈틈없이 어느 한 방향으로 둥그렇게 돌아가는 윤곽이 보이는 것이 시울이다.

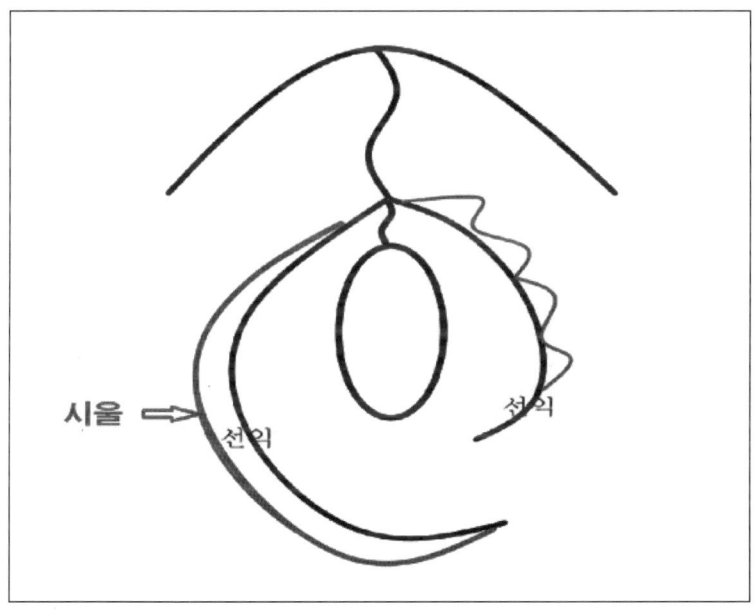

그림21. 시울의 모양

만약, 혈장 옆이 파조 형태로 붙어 있으면 중간에 골이 생기기 때문에 시울이 잘 형성되지 않는다. 혈이 되는 자리의 측면이나 가장자리를 살펴보면 이러한 시울이 나타난다. 시울도 상단부의 시울(윗 입술)과 하단부의 시울(아랫 입술)이 있다. 시울이 많을수록 혈을 응축시키는 힘이 강하다고 볼 수 있다.

그림22. 좌선룡의 시울이 분명한 묘지
(국회의장을 지낸 김모 전 국회의원 선영)

유혈의 특징 중 하나는 선익이 지표면에 나타나지 않는다. 선익이 없는 것이 아니라 실제 선익이 있지만 속에서 혈을 감싸고 있어서 안 보인다. 그러다 보니 유혈은 혈장이 아주 단단하게 형성되어 있다. 와혈의 경우는 혈장에 물길이 있으므로 상대적으로 토질이 부드러운 특징을 보인다.

유혈은 폭이 넓으면 대유(大乳)이고 폭이 좁고 길이가 길면 장유(長乳)가 되는데 이 혈은 요성이 붙어 있으므로 대유 형태를 취한다. 혈장의 폭이 넓다는 것은 혈장 옆에 요성이 붙어 있다는 의미다. 폭이 좁다는 것은 요성이 없어서 혈장이 길게 빠지게 형태로써 혈장이 길므로 장유가 된다.

4. 돌혈의 혈장 분석

<그림 23>은 경북 칠곡군 지천면 심천리에 있는 민묘로 평지 돌혈의 혈상도이다. 현무정으로부터 낙맥하여 진행하던 용이 몸을 숨기고 은맥(잠룡)으로 내려오다 몸을 일으켜 우선하면서 마무리하여 혈을 맺는다. 혈심은 혈장의 가장 높은 곳에 위치하고 있으며, 혈심의 주위에 선익이 형성되어 있다. 그리고 이 선익의 측면은 바위로 된 요성이 붙어 있다.

입혈맥이 혈을 결지(結地)시키고 혈의 여기가 나와서 전순을 만들며, 전순 앞에도 역시 바위로 된 관성이 붙어 있다. 바위로 형성된 관성이나 요성[79]도 타탕과 파조 형태로 구분할 수 있

---

[79] 삼성(관성, 귀성, 요성)은 혈장의 구성 요소를 보조하는 보조사로서 바위나 흙으로 형성될 수 있으나 선익은 흙으로 되어 있어야 한다.

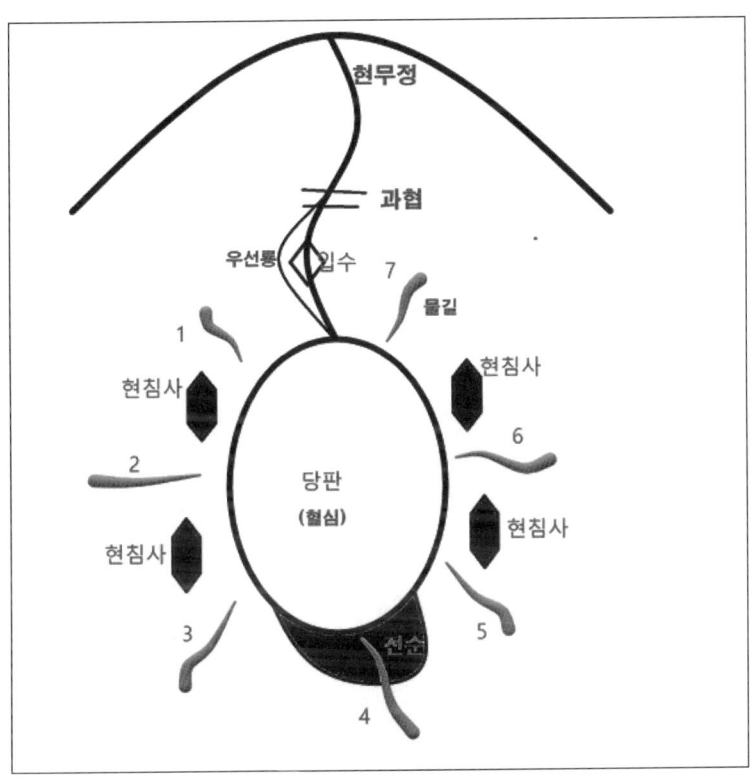

그림23. 우선룡 돌혈의 혈상도

는데 타탕 형태로 붙어 있는 것이 혈장으로 밀어주는 힘이 강하게 나타난다. 이 묘지의 향은 지세향(地勢向)을 타지 못하여 우측으로 돌아가 있는 모습이다.

돌혈은 혈이 볼록하게 솟아나 있기 때문에 이를 지탱해 주기 위하여는 사방에 받침대가 필요한데 이것을 현침사(懸針砂)라고 하며, 혈장의 구성요소 측면에서는 선익이다. 이 묘지의 현침사는 4개인데 우측 2개는 우선(右旋)하고 있고 좌측 2개는 좌선(左旋)하는 모습을 보인다. 그리고 전순은 우선으로 마무리하고 있다.

그림24. 경북 칠곡 평지 돌혈

아래의 사진은 경기도 안성에 있는 해주오씨 오상의 묘로 산지 돌혈이다. 이 묘지는 좌선룡으로 결혈되었으므로 혈상도는 위 <그림 23>의 우선룡 혈상도와는 전순이 반대 방향이다. 다른 요소들은 비슷한 형태를 보이나 전순이 다른 방향, 즉 오른쪽으로 틀어서 마무리되는 J자 용맥을 만든다.

그림25. 경기 안성 산지 돌혈

오상의 묘는 현무정에서 낙맥하여 내려오던 용이 큰 과협을 형성하고 비룡입수(飛龍入首)의 모습으로 올라온다. 실제 이곳은 혈 뒤에서 다시 한번 과협을 형성하는데 큰 과협처에 비하여 상대적으로 아주 작아서 설명을 생략하였다. 왜냐하면 돌혈로 입수하는 원리는 같기 때문이다. 보통 돌혈은 비룡으로 올라섰을 때 한쪽 방향으로 마무리하면서 혈을 결지하는데 이 묘지는 과협처로부터 올라오면서 우선했다가 다시 진행하여 좌선으로 마무리하고 있다. 돌혈은 올라오면서 바로 마무리가 되어야 정상적인 것으로 본다.

혈장의 주위에 거북이의 앞다리와 뒷다리처럼 네 개의 현침사가 붙어 있는 모습이다. 입혈맥이 혈을 결지하고 혈의 여기가 나와서 전순을 만들고 있으며, 전순은 좌선으로 마무리하고 있다. 선익, 즉 현침사를 'X'자로 연결하여 만나는 점이 혈장의 가장 높은 혈심이 되며, 이곳을 기준으로 재혈(裁穴)을 하여야 한다.

돌혈의 현침사는 거북이의 몸체에 비유할 수 있는데 거북이의 몸이 당판이라고 하면 앞발과 뒷발이 현침사가 된다. 그리고 지형에 따라서는 삼발이 형태도 존재한다. 현침사 네 곳을 'X'자로 연결하면 그 중심이 혈심이 되는데 네 발이 조여 주게 되므로 혈심이 융기하여 주변의 땅보다 높아진다. 즉 뒷발은 앞으로 밀고 앞발은 뒤로 밀기 때문에 위로 솟아나는 원리가 적용된다. 돌혈은 길어서는 안 된다. 그렇게 되면 현침사가 받쳐줄 수 없어 혈장의 중간이 무너질 수 있다.

현침사는 혈장 내의 선익의 개념이지 요성(曜星)의 개념으로 이해해서는 안 된다. 돌혈에서는 현침사가 곧 선익이며, 선익에 하단에 붙어 있는 것이 요성이다. 사실 요성과 현침사의 구분이 쉽지만은 않다. 입수가 낮고 혈심이 높으면 음혈로써 돌혈이나 유혈이 된다. 이 두 혈을 구분하는 기준은 현침사의 유무이다. 돌혈이 되려면 돌혈을 떠받쳐 주는 현침사가 있어야 한다. 그 현침사는 혈장에 붙어 있어야 하며, 멀리 떨어져 있는 것은 현침사라고 볼 수 없다.

5. 혈 사상 종합분석

이 책에서는 혈 사상, 즉 와겸유돌의 종합분석이 핵심 내용이다. 이것을 모르고서는 우리나라 지형을 제대로 읽을 수 없다. 그러므로 이 책의 다른 내용은 사실 종합분석의 보조자료에 불과하다. 그러므로 혈증 위주의 미시적 관법으로 공부할 사람은 여기서 분석한 내용에 대하여는 숙지할 필요가 있다.

현장 답사를 통한 혈 사상별 혈장 구조 및 혈장 생성원리 등을 분석한 결과 다음과 같은 결론을 얻을 수 있었다.

첫째, 우리나라 지형의 혈은 선익의 모양과 그 유무에 따라 와겸유돌로 구분이 되며, 혈장의 구성요소 중 선익이 혈장에서 가장 중요한 작용을 하고 있다. 왜냐하면 선익이 생긴 형태나 그 유무에 따라 와겸유돌(窩鉗乳突)이라는 네 가지 형태의 혈 사상으로 구분되기 때문이다. 선익은 혈의 증거가 되기도 하지만 혈형의 종류를 판단하는 기준이 된다.

묘역이나 건축물을 조성하면서 지표면에 대한 형질변경이 심하여 선익의 형태가 잘 나타나 있지 않지만 자연 상태의 생지나 실혈(失穴)을 한 음택의 경우에는 선익이 그대로 보존되어 뚜렷하게 나타난다. 중국의 풍수 고전에서 혈 사상을 어떻게 분류하든 간에 우리나라 지형을 답산할 때는 선익을 보고 혈 사상을 구분하여야 한다.

우리나라 지형에서의 혈의 사상은 아래의 그림과 같이 나타나고 있는데 와혈, 겸혈, 돌혈은 선익이 있으며, 유혈은 선익이 없다. 돌혈의 경우는 선익이 존재하고 있으나 이어져 있지 않고 끊어져 있다. 겸혈은 와혈과 대비하여 선익이 더욱 분명하게 나타난다. 특히 겸혈은 사(砂)가 아무리 크더라도 선익이 된다.

필자는 혈장을 구성하는 요소 중에서 선익(蟬翼)을 보여줄 수 있느냐는 질문을 가끔 받는다. 그 대답으로 선익은 혈에 분명히 존재하고 있으며, 현장에서 손으로 짚어줄 수 있다고 한다. 풍수 초보자는 물론이고 수십 년 동안 풍수를 공부한 전문가라도 선익을 한 번도 보지 못하였다면 현장에서 직접 지적해 주어야만 볼 수 있다는 말을 덧붙인다. 선익은 윤곽이 뚜렷하게

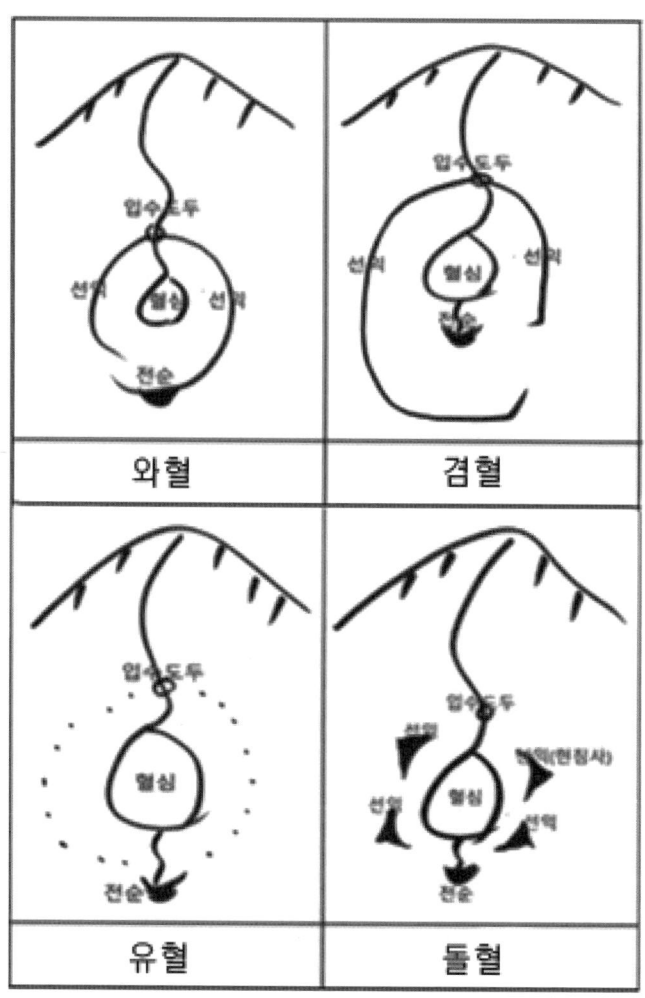

그림26. 한국지형에서의 와겸유돌혈 모식도

나타나지 않으므로 결혈의 원리나 결혈 조건을 모르면 눈에 잘 보이지 않는다.

특히 왕릉이나 조선시대 사대부 묘 등에서는 선익을 잘 볼 수 없다. 왜냐하면 혈증(穴證) 위주로 작게 묘지를 조성한 것이 아니라 사신사(四神砂) 위주로 묘지를 크게 조성하였기 때문이다. 봉분을 너무 크게 만들면 약 1평 정도밖에 되지 않는 혈(당판)과 주위의 혈장 요소들을 완전히 덮어버리는 결과를 초래한다. 이렇게 되면 결혈처라도 혈이라고 할 수 없다. 그나마 현대에 와서 소박하게 작게 묘지를 조성한 곳에서는 선익이 확인된다. 그리고 조선시대 사대부 묘 등에서도 재혈을 잘못하여 실혈(失穴)하였을 경우에도 선익을 찾아볼 수 있다.

필자가 혈을 연구하는 데 있어서 혈장의 구성요소 중에서 선익을 중요하게 여긴다는 것을 앞서도 언급하였다. 이는 혈의 증거가 되기도 하지만 무엇보다 혈 사상(四象)을 구분하는 기준이 되기 때문이다.

선익은 매미의 날개처럼 생겼다 하여 붙여진 이름인데 매미 날개처럼 잘 보이지 않으므로 현장 답산 시 정신을 집중해야 한다. 물론 혈자리가 아니면 볼 수 없으므로 우선 결혈처를 아는 것이 중요하고 그다음은 많은 현장 수련을 통하여 터득할 수밖에 없다.

일반적으로 풍수 답산을 가보면 혈장의 좌우 가장자리나 인공적으로 쌓은 사성을 선익으로 알고 있는 경우가 많다. 이 사성은 가짜 선익이다. 혈자리는 선익이 존재하므로 사성을 쌓아서는 안 된다. 자연 지형에서 봉분이 올라온 만큼 비례해서 선익 부분을 약간 보토해 주어야 한다.

유명하다고 자처하는 풍수인들이 현장 답산 뿐만 아니라 학교 강단에서 풍수를 가르칠 때에는 입이 마르도록 선익의 중요성을 강조한다. 그러나 실제 선익을 제대로 이해하고 볼 수 있는 풍수인은 많지 않은 것으로 보인다. 왜냐하면 묘지 조성 시 혈 사상별 특징에 맞게 묘지를 조성하지 않고 일률적으로 사성을 만드는 등 아예 선익을 훼손시켜 버리기 때문이다. 선익이 훼손되면 혈장의 물길을 막아버리는 꼴이 된다. 혈의 사상에 따른 물길이 자연스럽게 흐를 수 있도록 묘지를 조성해야 묘지의 토양 유실이 없고 후손 발복도 100%로 기대할 수 있다.

풍수를 알려면 선익이 어떻게 생겼는지부터 확인하는 것이 우선이다. 선익은 혈의 사상 종류를 구분하는 기준이 되기도 하지만 혈이 결지되었는지 여부를 판단하는 혈증, 즉 혈의 증거가 되며, 또한 천광(穿壙) 시 재혈하는 기준(횡선:橫線)이 된다. 선익이 이처럼 중요하므로 필자는 선익을 풍수 수준의 척도로도 보고 있다. 그래서 풍수 공부를 하신 분들께 그 깊이를 판단하기 위하여 맨 먼저 물어보는 것이 "진짜 선익을 본 적이 있습니까?"이다.

둘째, 혈이 형성되려면 혈 사상 모두 용맥이 진행을 하다가 우선(右旋) 또는 좌선(左旋)으로 틀면서 마무리하여야 한다. 이 조건이 전제되어야 혈이 맺힌다. 그야말로 혈이 결지될 수 있는 제1의 조건이다. 이것이 소위 'J자 용맥'이다. 좌선 또는 우선으로 마무리하는 형태는 와겸유돌의 혈 사상 모두에서 나타나는 공통점이다. 만약 용맥이 틀어서 마무리하지 않았다면 혈증이 나타날 수 없다.『청오경』에서는 기는 바람을 타면 흩어지고 물을 만나면 멈춘다고 하였고[80]『금낭경』에서도『청오경』을 인용하여 기가 모이려면 용맥이 물을 만나서 멈추어야 한다는 점을 강조하고 있다.[81]

---

80)『靑烏經』, "氣乘風散, 脈遇水止."

81)『錦囊經』,「氣感篇」, "經曰, 氣乘風則散, 界水則止."

다시 말하여 혈이 형성되려면 가장 먼저 진행하던 용맥이 멈추는 '계수즉지(界水則止)'가 전제되어야 한다. 용맥이 좌선 또는 우선하여 틀어지게 되면 멈추게 된다. 즉 계수즉지가 된다. 실제 지표면의 물을 만나야 계수즉지가 되는 것이 아니라 용맥이 멈추면 혈이 생기고 그 혈장에 내의 물이 그 기운을 멈추게 하므로 진정한 의미의 계수즉지가 된다. 혈장의 구성요소 중의 하나인 전순은 용맥이 틀어지는 작용으로 인하여 토질이 단단해지고 약간 두툼하게 부풀어 오르는 현상이 일어난다. 특히 겸혈의 전순인 낙조사의 경우도 반드시 끝이 한 방향으로 틀어주어야 결혈 조건을 갖추게 된다. 전순의 끝이 한 방향으로 틀어주어야 만 거수(拒水) 또는 역수(逆水)를 할 수 있기 때문이다. 물길이 기운이며 이 기운을 거두어 주는 것이 거수다.

풍수계에서는 계수즉지를 잘못 이해하여 한 능선에서 하나의 혈이 맺힌다는 '일룡일혈(一龍一穴)'의 원칙과 한 능선에 여러 개의 혈이 맺힌다는 '일룡수혈(一龍數穴)'의 원칙이 대립되는 양상이다. 통상 계수즉지라는 말은 강이나 호수, 개천 등과 같은 실제 물을 만나야 용이 멈춘다는 뜻으로 인식하고 있다. 그러나 일룡일혈을 주장하는 측에서는 혈이 결지되면 혈장에서 물의 1분합(分合)이 이루어지는데 이것이 진정한 의미의 계수즉지라는 것이다.

풍수 속담에 천리내룡 일석지지(千里來龍 一席之地)라는 말이 있다. 천리를 내려온 용도 겨우 한자리의 혈만을 맺는다는 뜻이다. 즉 일룡일혈의 원칙을 강조한 것이다.『발미론(發微論)』에서는 "무릇 천 리를 내려온 용이라 할지라도 한 자리의 혈을 맺는데 불과하다."[82]라고 설명하고 있다.

여기서 길이가 천 리나 되는 용이 행도 과정에서 하나의 혈밖에 맺히지 않느냐고 반문할 수 있다. 풍수 고전에서 이 말을 언급한 것은 그만큼 혈이 중요하며, 자연에서 혈이 형성되기가 어렵다는 점을 강조한 것이다. 그러나 천 리의 거리는 아니더라도 하나의 용맥 상에 하나의 혈이 맺히는 일룡일혈의 원칙에는 변함이 없다. 우리가 일룡일혈의 의미를 제대로 이해하지 못한 데서 하나의 용맥에 여러 혈이 맺힐 수 있다는 일룡수혈의 오해가 생겨난 거 같다.

일룡일혈의 원칙에서 일룡이란 천리내룡 그 자체가 하나의 용이 될 수도 있으며, 천리내룡 구간에 이어지는 산줄기에서 수십 개 또는 수백 개, 아니 그 이상의 용(龍)이 생길 수 있다. 즉 용이 진행을 하다가 어느 한 방향으로 틀어서 멈추게 되면 하나

---

82)『發微論』,「生死篇」, "夫千里來龍 不過一席之地."

의 용맥이 마무리되므로 그것이 일룡(一龍)이 되고, 다시 방맥(傍脈)으로 용이 3~4절 이상 진행을 하다가 용이 한 방향으로 틀어서 멈추게 되면 또 하나의 용이 마무리하여 계수즉지가 되면서 일룡이 된다.

아래의 그림과 같이 'J'자 형태로 마무리되는 곳이 3군데가 있으면 삼룡삼혈(三龍三穴)이 된다. 만약, 중간에 마무리되는 곳이 없고 용맥의 제일 끝에 와서 마무리되어 혈이 결지되었다면 말 그대로 천리내룡 일석지지가 된다. 천리내룡의 끝이 틀어서 마무리되지 않는다면 용이 천 리를 내려오더라도 혈이 결지될 수 없어 일룡무혈(一龍無穴)이 된다.

<그림 27>에서 보는 바와 같이 좌우지현(左右之玄) 또는 좌우위이(左右逶迤) 변화의 1절(마디)은 좌선(左旋) 또는 우선(右旋)으로 꺾어지는 절과 절 사이이며, 상하기복(上下起伏) 변화의 1절은 산봉우리(과협처)에서 과협처(산봉우리)까지의 구간을 말한다. 그리고 좌우지현과 상하좌우 변화가 복합적으로 일어나기도 한다. 지현과 위이라는 용어는 같은 말이기도 하지만 엄격히 따지면 구분하여 사용하는 것이 옳다. 지현은 현무정 뒤의 내룡맥이 크게 움직이는 좌우운동을 말하며, 위이는 현무정에서 혈로 이어지는 비교적 작은 폭의 좌우운동을 말한다.

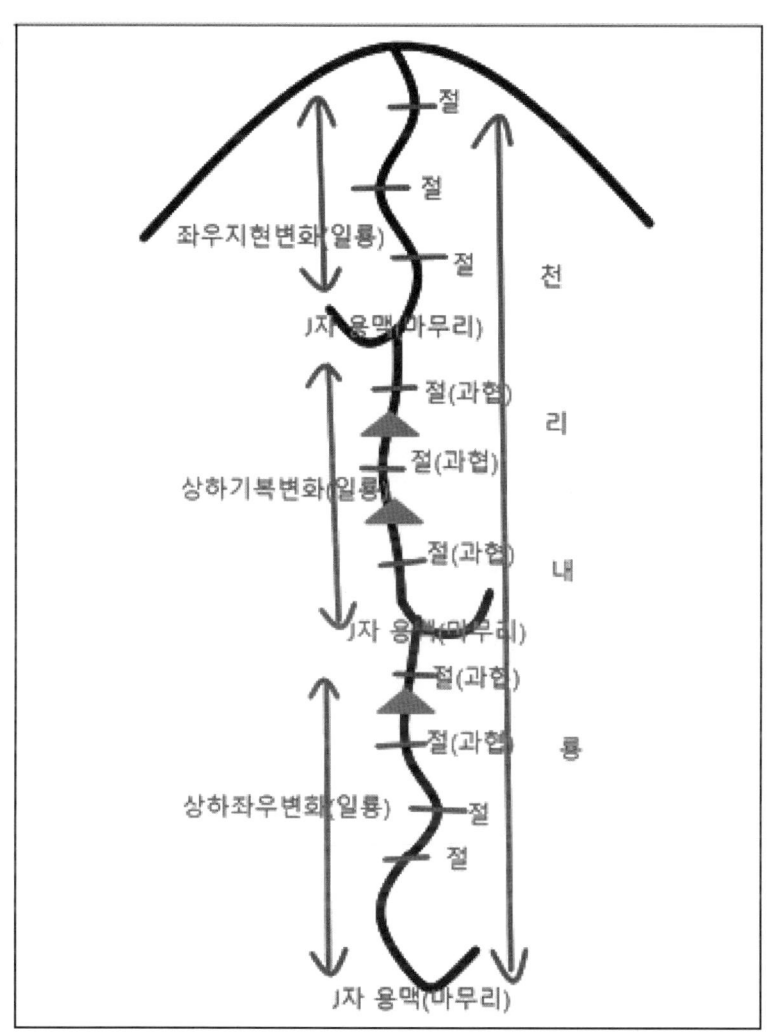

그림27. 일룡일혈의 모식도

정맥(正脈)에서 방맥(傍脈)으로 떨어져 나와 3~4절 정도 진행을 하게 되면 새로운 기운이 생성되어 혈 결지 조건을 갖추게 되는데 그렇게 되면 방맥이 정맥으로서의 지위를 확보하게 된다. 이렇게 계속·반복적으로 용이 진행을 하게 되면 수십 개, 수백 개의 용으로 확대될 수 있다. 용맥이 마무리되는 부분을 하나하나로 구분해서 보아야지 천리내룡 전체를 하나의 용으로 보아 일룡수혈이라고 해서는 안 된다.

일룡일혈의 원칙을 강조하는 이유는 용이 진행을 하다가 'J'자 형태로 들어서 마무리되는 부분까지가 일룡이 되며, 그 구간 안에서는 한자리만 결혈된다. 일부 풍수가는 연주혈(連珠穴)이니 품자혈(品字穴)이니 하면서 하나의 용맥에 여러 혈이 맺힌다고 주장을 한다. 오랫동안 풍수 답산을 한 경험칙에 의하면 현장에서는 연주혈이니 품자혈이니 하는 혈을 발견할 수 없었다. 이론상으로는 가능할지 모르나 혈은 혈증으로 살펴야 하기 때문에 혈의 지기 입력원리나 혈장의 구성요소를 고려해 보면 결코 자연에서는 그러한 혈이 만들어질 수 없다.

아래의 그림과 같이 연주혈의 경우 상하로 구슬 꿰듯이 혈이 이어진다고 본다. 어느 한 지점에 혈이 결지되면 혈처 상하 범위의 용은 진행하는 맥로(脈路)이거나 혈을 보호해주는 사(砂)

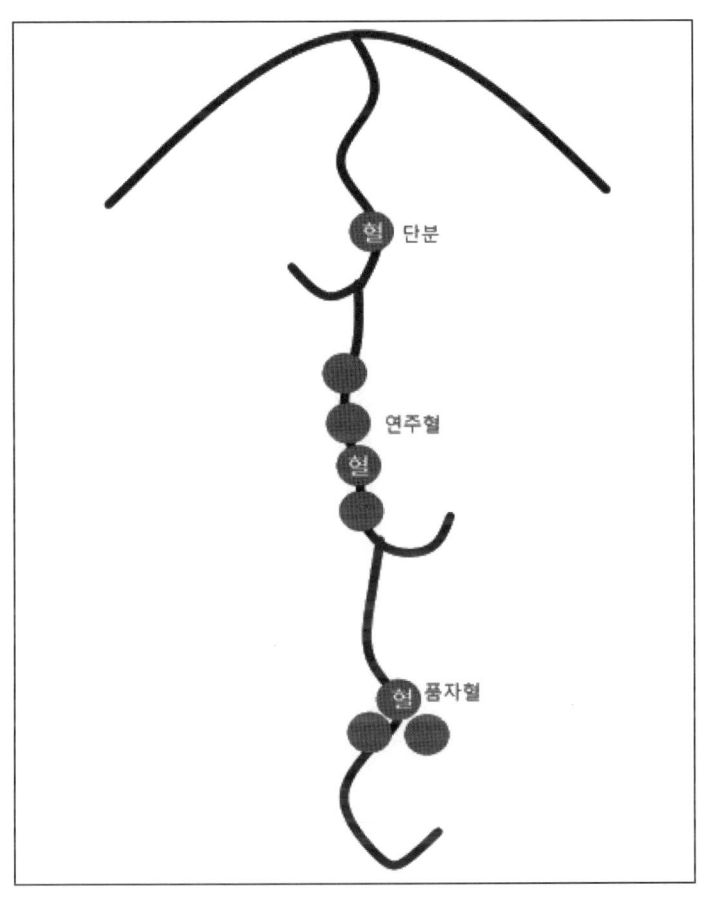

그림28. 연주혈과 품자혈의 모식도

가 된다. 만약 혈처 위쪽에 묘를 쓰게 되면 입수룡을 상하게 하는 상룡(傷龍)이 되고, 아래쪽에 묘를 쓰게 되면 전순을 상하게 하는 상혈(傷穴)이 된다.

품자혈의 경우도 마찬가지로 품자 중간의 묘가 혈의 중심이라면 하단 좌우에 있는 묘는 선익이나 전순을 손상시킴에 따라 상혈이 되고 품자의 아랫부분 좌측이나 우측의 어느 한 묘가 혈처라면 당연히 상단의 묘는 입수룡을, 좌측 또는 우측에 있는 한 묘는 선익이나 전순을 손상시키게 되어 상룡과 상혈이 동시에 발생될 수 있다. 혈증 즉 오악(五嶽)을 모르기 때문에 연주혈이나 품자혈을 주장하는 것으로 생각되며, 묘지 조성 시에도 역시 이러한 장법을 쓰는 것으로 보인다.

그래서 묘지를 조성할 때에는 상룡이나 상혈을 피하기 위하여 상하 또는 좌우 가로로 펼쳐서 묘역을 조성하지 말아야 한다. 쌍분보다는 합장이 좋고 합장보다는 단장(單葬)이 좋다. 혈자리는 찾기도 쉽지 않은데 어렵게 찾은 혈자리의 혈증을 손상시키게 되는 일룡수혈은 버리고 일룡일혈의 원칙을 지켜야 한다.

셋째, 입수룡이 입수도두에서 소개장을 하여 선익사를 좌우로 펼치면 와혈과 겸혈이 되며, 입수도두에서 들어서 소개장으로 벌리는 작용이 없이 혈장의 제일 높은 곳에 혈이 맺히면 유혈과 돌혈이 된다. 양혈인 와혈과 겸혈, 음혈인 유혈과 돌혈의 차이점이다. 혈이 생기려면 용맥이 진행을 하다가 좌선 또는 우선으로 마무리하고 기의 응축으로 일단 솟아나게 되는데 입혈맥이 나오면서 소개장을 하느냐 그러지 않느냐에 따라 양혈인 와겸과 음혈인 유돌로 혈의 음양 구분이 된다.

양혈인 와혈과 겸혈은 하나의 맥에서 일단 머리를 들고 난 뒤 소개장을 하는 공통점이 있다. 와혈과 겸혈의 경우 선익 자체가 사신사의 역할을 하기 때문에 혈 결지 조건에 있어 청룡과 백호는 반드시 필요한 조건은 아니라는 점은 여러 번 피력했다. 유혈과 돌혈은 입수룡이 입수도두에서 응기(凝氣)한 뒤 상향하면서 혈을 결지하기 때문에 혈심이 혈장의 가장 높은 부분에 형성된다. 그래서 유혈과 돌혈은 경사가 져서 내려오게 되면 혈장이 만들어지지 않는다고 입이 마르도록 주장하는 것이다. 경사져 내려오면서 결혈되는 것은 양혈인 와혈과 겸혈이 된다. 이 원리를 모르면 수백 번 수천 번 답산을 해도 답이 나오지 않는다.

용(龍)의 음양은 혈(穴)의 음양과 유사하다. 산능선이 낮고 평평하게 퍼져서 내려오면 양룡이 되고, 높고 볼록하게 뭉쳐서 진행하면 음룡에 해당이 된다. 산의 흐름상 양룡은 혈이 되려면 더 이상 펼치거나 벌릴 수 없어 오므려야 하기 때문에 볼록하게 솟아나 음혈을 만든다. 이것이 양래음수(陽來陰受)의 원칙으로써 양룡이면 유혈과 돌혈이 생기는 것이다. 그리고 음룡 역시 혈을 맺기 위해서는 더 이상 줄어들거나 압축이 될 수 없어서 들고 있는 상태에서 벌리거나 펼치게 되는데 펼친 사가 선익이 되고 천심맥(穿心脈)은 입혈맥이 되는 원리이다. 이것이 음래양수(陰來陽受)의 원칙으로 이러한 곳에서는 와혈과 겸혈이 생기게 된다.

『지리담자록』에서 楊·曾(양균송, 증문천)의 문답을 보면, 증문천이 음래양수가 무엇인지를 물어보니 양균송은 내맥에 등마루가 있고 입혈처에 와(窩)가 있으면 음래양수라 하며, 내맥이 와서 약간 평탄하고 입혈처에 돌(突)이 있으면 그것을 양래음수라고 대답했다.[83]라고 하였다. 음래양수와 양래음수 이론은 자연의 질서가 그렇다는 것이므로 실제 현장에서 이러한 이론은 잘 적용하지 않는다. 혈은 혈의 증거가 되는 혈증으로만 보

---

[83] 『地理啖蔗錄』.「推原」, "曾問何謂陰來陽受陽來陰受 脈來有脊入穴處有窩 謂之陰來陽受 脈來有微平 入穴處有突 謂之陽來陰受."

면 되기 때문이다.

넷째, 와혈과 나머지 세 가지 형태인 겸혈, 유혈, 돌혈은 전순이 생기는 원리가 다르게 나타나고 있다. 혈장의 구성요소 중에서도 전순이 가장 마지막으로 형성된다. 와혈은 선익이 전순과 연결됨에 따라 선익이 전순을 만든다. 겸혈, 유혈, 돌혈은 혈이 결지한 후 그 여기(餘氣)가 나와서 전순을 만든다는 점에서 와혈과 차이가 난다. 와혈은 좌선익 또는 우선익 중의 어느 하나가 혈 앞의 전순과 연결된다. 좌선룡이면 좌선익이, 우선룡이면 우선익이 힘이 강하므로 혈전(穴前)을 지나면서 전순을 형성하는 원리가 된다.

그리고 겸혈, 유혈, 돌혈은 용맥이 입수도두에서 입혈맥을 혈을 결지하고 나서 혈(당판)에서 나간 여기가 전순을 만드는 원리다. 혈 사상 중에서 전순의 생성원리가 다른 것은 와혈이다. 와혈은 선익과 전순이 연결되어 있다는 것이 가장 큰 특징이다. 그런데도 불구하고 풍수 고전이나 근대에 발간된 풍수 서적에는 전순이 끊어져(떨어져) 있는 것으로 표현되고 있다. 전순이 끊어져 있으면 물이 한군데로 나가는 것이 아니라 두 군데, 즉 이파(二派)가 된다는 것이다. 와혈은 물이 입혈맥에서 상분(上分)하고 당판 앞에서 하합(下合)한 후 한군데(一派)로 나간다.

와혈은 좌선룡일 경우 왼쪽이 강하므로 좌선익이 전순과 이어지게 되고, 우선룡일 경우 우측이 강하므로 우선익과 전순이 이어진다고 했다. 선익보다 큰 연익이 있더라도 좌우선룡 판단은 혈심에서 가장 가까운 선익을 보고 판단한다. 제대로 된 혈의 전순은 네 종류 모두 혈장 내의 물을 거수하는 방향으로 회전하면서 'J'자 형태로 틀어준다. 따라서 혈 사상에서 전순의 생성원리가 다른데 와혈은 선익이, 나머지 겸혈, 유혈, 돌혈은 혈의 여기가 전순을 만든다.

다섯째, 음혈과 양혈은 혈장의 구성요소별로 높낮이가 다르다. 양혈인 와혈과 겸혈은 입수도두가 제일 높게 형성되고 음혈인 유혈과 돌혈은 혈심이 제일 높게 형성된다. 양혈은 입수도두가 들어야 날개를 펼치면서 선익사가 생길 수 있으며, 음혈은 입수도두가 혈심보다 낮아야 솟으면서 볼록하게 혈이 형성될 수 있기 때문이다.

유혈의 경우 성인의 유방처럼 생겼다고 하였는데 혈심에 해당하는 유두 부분이 가장 높다. 돌혈 역시 엎어 놓은 종이나 솥 모양이므로 혈심에 해당하는 중심부가 가장 높게 형성된다. 유혈과 돌혈은 입수도두가 낮기 때문에 와혈과 겸혈처럼 들어서 소분맥을 하지 못한다. 다만, 돌혈은 유혈보다 높고 급하게 솟아오르기 때문에 이를 받쳐주는 현침사가 생성된다. 이것이 돌혈의 선익이다. 와겸유돌의 혈 사상별 오악의 높낮이는 아래의 그림과 같다. 형태는 비슷하지만 혈장의 기울기나 오악의 높낮이에 조금씩 차이가 있다.

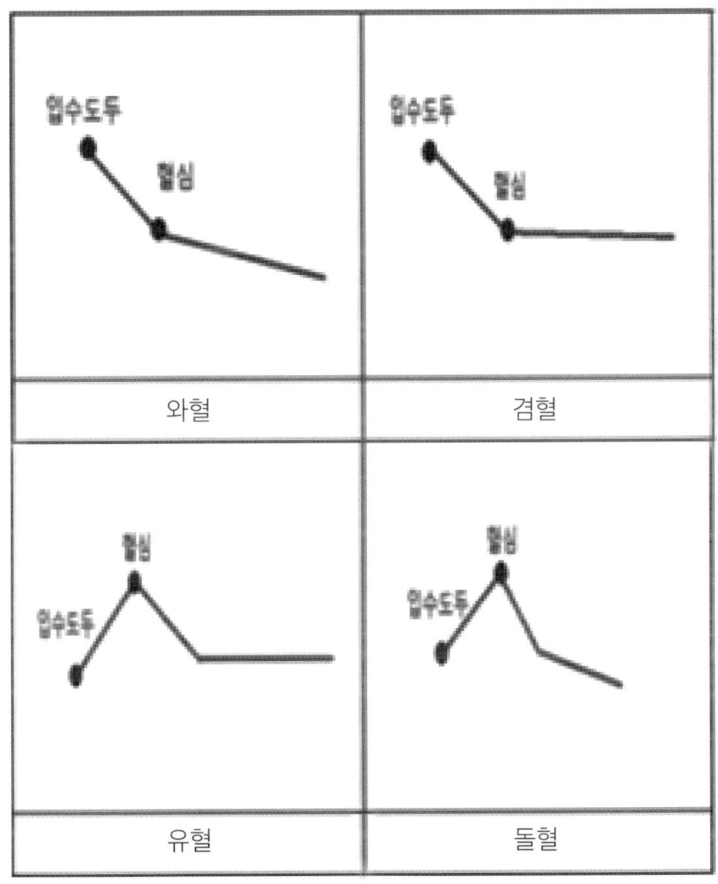

그림29. 혈 사상별 혈장 기울기와 오악의 높낮이

여섯째, 양혈인 와혈과 겸혈은 선익이 어느 부위에 있느냐에 따라 구분된다. 전순이 선익 안쪽에 들어와 있으면 겸혈이 되고 전순이 선익 밖에 있으면 와혈이 된다. 그래서 겸혈의 전순은 혈의 여기가 나와서 대추씨 모양의 낙조사를 형성하고 와혈은 선익에서 둥근 형태의 횡대가 생기게 된다. 겸혈의 경우 선익이 낙조사 앞에서 일정 거리에 떨어져서 혈장을 감싸는데 와혈의 경우 전순이 되지만 겸혈은 낙조사가 전순이므로 자기안산(自己案山)이 된다.

와혈과 겸혈은 같은 양혈이기 때문에 형질변경이 많이 이루어진 곳에서는 혼동이 되는 경우가 있다. 아래의 그림은 전북 임실군 삼계면 홍곡리 민묘의 혈상도이다. 봉분을 크게 하고 능선의 상하로 묘지를 조성하였기 때문에 지표면이 많이 훼손되어 있다. 아래의 그림에서 보는 바와 같이 좌우를 두르고 있는 테두리 사(砂)를 좌우 선익으로 보느냐 아니면 청룡과 백호로 보느냐에 따라 혈의 유형이 달라진다. 만약 ①번 그림과 같이 테두리 안에 선익이 있으면 테두리는 용호사(龍虎砂)가 되며, ②번 그림과 같이 선익이 없으면 테두리는 선익사로 보아야 한다. 선익이 혈 사상의 종류를 결정하는 기준이 되는데 ①번은 와혈이 되고, ②번은 겸혈이 된다. 겸혈은 전순(낙조사)이 있어야 하고 와혈은 선익과 연결된 둥그런 형태의 횡대, 즉 전순이 생겨나야 한다. 현장에서의 분석은 중간에 묘가 나와 있고 전순과 연결된 선익이 보이지 않으므로 이 전순은 혈심(당판)에서 나온 것으로 판단할 수 있다.

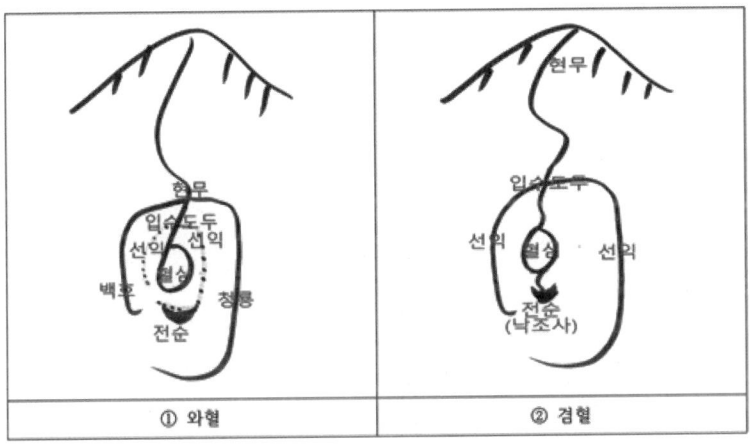

그림30. 와혈과 겸혈의 구조

겸혈은 양쪽 다리 모양의 선익이 안으로 들어오는 형태가 되어야 혈장의 기운이 설기가 되지 않으며, 소개장 후 천심맥이 들어올 수 있는 조건이 된다. 위 그림에 나와 있는 것처럼 겸혈과 와혈의 구분은 전순의 위치를 보고 구분이 가능하지만 선익이 전순과 연결되었는지 여부를 보고도 가능하다.

아래의 그림은 전북 임실군 삼계면 소재 홍곡리 민묘의 위성사진과 실제 모습이다. 이 봉분 바로 옆의 작은 선익이 보이지 않고 바깥에 큰 선익사가 보이므로 겸혈로 판단할 수 있다. 이러한 형태는 겸혈 중에서도 곡겸(曲鉗)이며, 좌단제(左單堤) 형태다.

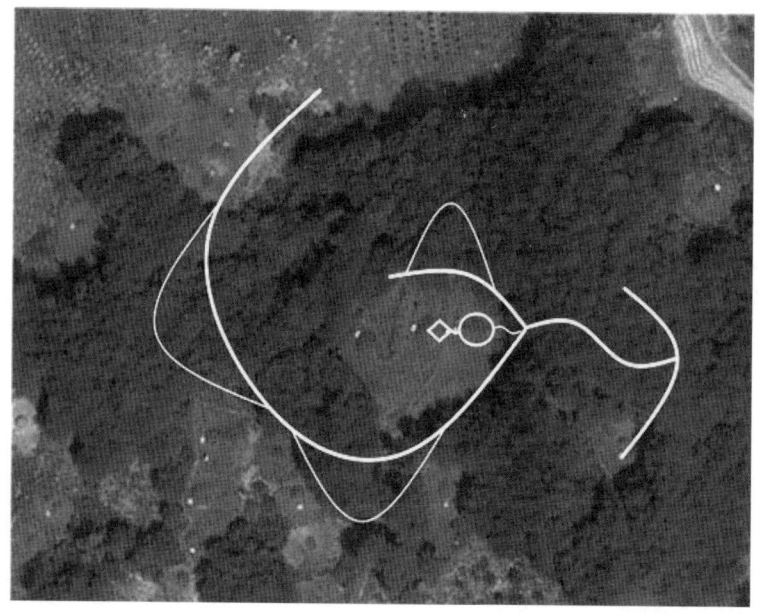

그림31. 임실 삼계면 홍곡리 민묘 위성사진(출처;카카오맵)

그림32. 임실 삼계면 홍곡리 민묘 후면

그림33. 임실 삼계면 홍곡리 민묘 전면

그림34. 전북 임실 홍곡리 민묘 좌측면

제6장

혈 사상별 혈장 재구성

1. 개요

풍수의 궁극적인 목적은 인간이 음택이나 양택으로 이용하기 위한 혈을 찾는 것이다. 혈은 풍수 국면에 있어서 가장 중심이 되며, 가장 높은 위계에 있으므로 혈 이외에는 모두 혈을 위하여 존재한다.

『장서』에는 "용세가 내려와서 형으로 멈추는데 이러한 것을 온전한 기라고 한다. 온전한 기를 갖춘 땅에서는 그 기가 멈춘 곳에 장사를 지내야 한다."[84]라고 하여 형이 멈춘 곳이 혈처임을 말하고 있다.

이러한 혈을 찾으려면 혈을 결지하는 장소인 혈장(穴場)이

---

84) 「葬書」, 「內篇」, "勢來形止 是謂全氣 全氣之地 當葬其止."

어떠한 구조를 가지고 있으며, 혈장을 구성하는 요소가 무엇인지를 먼저 살펴볼 필요가 있다. 용진혈적(龍盡穴的)한 자리를 찾는다는 것은 그렇게 쉬운 일이 아니어서 오래전부터 내려오는 풍수 격언에 '삼년심룡에 십년점혈(三年尋龍 十年點穴)'이라는 말이 있다. 용을 찾는 일은 3년밖에 걸리지 않지만 용에서 혈을 찾는 데는 10년이나 걸린다는 뜻으로 심룡보다는 상대적으로 정혈(定穴)이 그만큼 어렵다는 것을 대변해 주고 있다.

그리고 『지리신법』에서는 "대개 조산과 안산이라는 것은 큰 집안의 일이며, 혈장은 자기 집안의 일이다. 혈장이 없으면 존립 기반이 없는 것이다."[85)]라고 하여 조산이나 안산 등도 없어서는 안 되지만 그보다도 혈장이 중요하다는 것을 강조하고 있다.

혈장을 구성하는 요소 하나하나가 여러 심혈법으로 찾아낸 혈이 진혈(眞穴)인지 아니면 가혈(假穴)인지를 증명하고 판단할 수 있는 기준이 되며, 아울러 혈을 찾는 단서가 되기도 한다. 그래서 혈장의 구성요소를 갖춘 곳에서는 혈이 맺혀 있는 것으

---

85) 『地理新法』, 「形勢論」, "蓋朝對者大家事 區穴者本家事也 無區穴則無存立之地矣."

로 본다. 그렇다면 혈장의 구성요소에는 무엇이 있으며, 그 형성원리가 어떤지 제시되어야 한다.

혈장은 지중(地中)에서 지기가 뭉친 영향으로 인하여 지표상에 몇 가지의 형(形)으로 드러나는데 이것이 바로 혈장 구성요소다. 제사(諸砂) 중에서도 가까운 것일수록 가장 소중한 것과 마찬가지로 혈 몸체에 붙어서 부축하고 있는 부신사(扶身砂)가 제일 중요하다.

혈장은 입수도두(入首到頭), 선익(蟬翼), 전순(氈脣), 당판(當坂) 또는 혈토(穴土) 등으로 구성되어 있는데 이를 혈장 4대 요소로 설명되고 있다. 선익이 혈장의 좌우에 하나씩 있으므로 실제 혈장의 구조는 모두 5개의 부분으로 구분되어 각각 결혈 및 혈 보호기능을 담당하고 있으며, 소명당[86) 또는 내명당의 국(局)을 이룬다.

---

86) 소명당은 원훈 아래를 말한다.『人子須知』,「穴證」.

『山法全書』에서는 소명당, 내명당, 중명당, 외명당으로 구분하고 있으며, 소명당이란 금어수가 합쳐지는 곳, 내명당은 용호 안쪽을, 중명당은 안산 안쪽을, 안산 밖을 외명당으로 분류하고 있다(明堂四有 小明堂者金魚水合處 龍虎內曰內明堂 案內曰中明堂 案外曰外明堂).

혈을 중심으로 주위에 사신사, 즉 혈 뒤의 현무, 앞의 주작, 좌측의 청룡, 우측의 백호 등 5개가 배치되어 있는 것이 혈장과 유사한 구성 체계다. 그리고 용호 안쪽으로는 중명당이 되어 역시 내명당에 속하며, 안산 또는 조산 안쪽으로는 대명당 또는 외명당이라는 풍수적 국면을 형성하게 되는데 혈장의 구조는 사신사 형국의 축소판이다.

『설심부변와정해』에서는 "대당은 중당의 적당할 정도로 붙어 있는 것보다 못하고 중당은 소당의 지극히 밀착된 것만 못하다. 용을 찾고 혈을 살피는 것은 소명당에 유의해야 한다."[87]라고 하여 용과 혈을 살피는 데 있어서 대명당이나 중명당보다 소명당이 중요하다는 것을 강조하고 있다.

사람의 인상(人相)을 다루는 상법(相法)의 오악(五嶽)을 차용하여 혈상(穴相)도 오악으로 표현하기도 한다고 앞서 설명한 바 있다. 입수도두는 이마, 좌우선익은 관골(광대뼈), 전순은 턱이나 입술, 당판은 코에 적용하고 있다. 혈장의 구성요소인 입수도두, 좌선익, 우선익, 전순, 당판(當坂)이 지표면보다 높이

---

87) 『雪心賦辯訛正解』, "大堂不若中堂之切近 中堂又不若小堂之至要 尋龍認穴當留意于小明堂也."

솟아나 있다고 하여 오악(五嶽)이라고 하는데 이 오악은 혈장의 사신사로 부른다.

『설심부변와정해』에서는 위에서 분수되는 것을 대팔자라 칭하고, 사람의 얼굴로 치면 이마에 해당되고 양옆으로 미미하게 튀어나온 희미한 사를 선익이라고 칭하며, 사람 얼굴의 튀어나온 양쪽 눈썹 아래 중간에 드리운 한 가닥의 선은 맥의 흔적으로 개자(个字) 형을 이루어 이분되는데 이것을 산근이라 칭하며, 일선의 맥이 대개 단단한 덩어리를 이루고 조금 높이 올라와 있는데 둥근 구(毬)가 되며 사람으로는 콧등에 해당된다. 양쪽 곁에 분수하는 것을 소팔자라고 하는데 사람으로 치면 양쪽 눈과 같다. 구(毬) 아래의 혈은 매장처가 되는데 사람으로는 코 아래의 인중에 해당된다. 혈 아래에 처마로써 새의 부리같이 위로 튀어나온 곳이 사람으로 치면 입술이 된다[88]고 하였다.

---

88) 『雪心賦辯訛正解』, "上分水名爲大八字 似人之顔旁微有兩分 突旁兩片陰砂名蟬翼沙 似人之兩眉突下中垂一線脈 亦名爲个字二又似人顔下之山根 一線脈略起硬塊僅高數寸名爲圓毬似人之鼻頭 兩旁分水名爲小八字似人之兩眼 毬下之穴名爲葬口似旁人鼻下之人中 穴之尖簷似人嘴上之脣."

이상과 같이 혈의 정체가 무엇이며, 혈장을 어떻게 구성되었는지 등에 대하여 알아보았다. 그렇다면 풍수의 요체(要諦)라 할 수 있는 혈장의 요소를 재구성해 볼 수 있다. 혈장은 직접적인 혈증이 되는 오악과 간접적인 혈증이 되는 삼성으로 구성되어 있으므로 그 요소를 재구성하여 그림으로 나타내 보았다.

2. 입수

　입수(入首)는 혈 뒤쪽에 약간 볼록하게 솟아난 부분으로 용과 혈을 이어주는 접점이다. 주산 또는 현무정에 내룡맥이 혈장으로 입력하기 직전에 일단 정지하면서 취기점을 형성하는데 이곳을 입수 또는 입수도두라 한다.『청오경』에서는 "땅에 좋은 기가 있으면 흙을 따라서 일어나는 곳이 있다(地有佳氣 隨土所起)"라고 하여 대개 지기는 용맥을 타고 내려오다가 좋은 기운이 있으면 멈추어 볼록하게 솟아나는 형태를 보이는데 이것이 혈장의 입수가 된다.

　입수에 대한 개념이 명확하게 정의되어 있지 않지만 용(龍)이 혈을 향해 머리를 밀고 들어간다는 의미로 입수라고 하며, 또한 혈의 구조상 혈의 뒤쪽에 위치하고 있어 혈의 머리에 해당

되므로 두뇌 또는 뇌두[89]라고 부르는데 혈의 머리에 입수룡이 도달하였다는 의미를 합쳐서 입수도두(入首到頭)라 부른다.

입수도두가 용의 기운을 받아들이기도 하고 이것을 다시 혈에 공급하는 두 가지 기능을 동시에 갖고 있으며, 지형적인 구조상 서로 분리할 수 없기 때문이며, 입수도두의 글자를 분리해서 입수 또는 도두라는 용어를 사용하기도 한다. 입수도두를 승금(乘金)이라고도 하는데 승금이란 태극훈을 타고 돌기된 곳을 말한다.[90]

승금은 볼록하게 솟은 모양이 오성산 중에 금형산을 닮아서 그런 이름이 붙였다고 한다. 주산 또는 현무정으로부터 내려오

---

[89] 주산에서 이미 봉우리를 이루고 개면을 하고 또 이 봉우리 위에서 개면을 하면 아래에 드리워진 맥을 살피게 되는데 이것을 입수룡이라고 한다. 이 맥은 다시 가늘게 되는데 속기라고 하며, 또 미세하게 일어나는 하나의 봉우리가 있는데 이것을 화생뇌(化生腦)라고 하는데 뇌 아래에는 혈장을 이루게 된다(主星旣開成星開面 乃于此星面之上 察其垂下之脉 曰入首龍 此脉再細一細 曰束氣 乃微起一突 曰化生腦 腦下爲穴場也).『山法全書』,「釋名部」.

[90]『人子須知』,「太極定穴」. "乘金者 乘其太極之暈突起處也."

는 기를 받아 일시적으로 정지하여 임시안정을 취했다가 혈로 지기를 공급하게 되므로 입수에서 돌기(突起)하는 현상이 발생된다. 입수는 용과 혈을 이어주는 길목에서 기운을 받아서 모았다가 혈에 공급하며, 또한 혈장에 물의 침입이 없도록 혈 뒤에서 물을 가르는 분수(分水) 역할을 한다.

아래의 그림은 혈의 사상별 입수의 위치이다. 양혈인 와혈과 겸혈은 입수가 혈심보다 높지만 음혈인 유혈과 돌혈은 혈심보다 입수가 낮다는 것이 음혈과 양혈의 특징이다. 단순하게 표현하자면 양혈은 위로부터 내려오면서 입수하여 결혈을 하고 음혈은 아래로부터 올라가면서 입수하여 결혈한다. 필자는 지방 술사들이나 풍수지리학회 등 단체 답산에도 많이 참여하였지만 입수의 위치를 이러한 방법으로 판단하는 것을 보지 못했다.

산의 능선에만 있으면 모두 유혈로 보는 경향이 있다. 혈의 네 가지 형태는 혈을 구성하는 오악의 높낮이를 보고도 분류하지만 가장 중요한 기준은 선익이다. 한국지형에서는 여기서 제시하는 기준을 가지고 혈의 사상을 구분하지 않으면 풍수 공부는 요원하다고 보며, 용이나 혈을 읽을 줄 모른다고밖에 볼 수 없다.

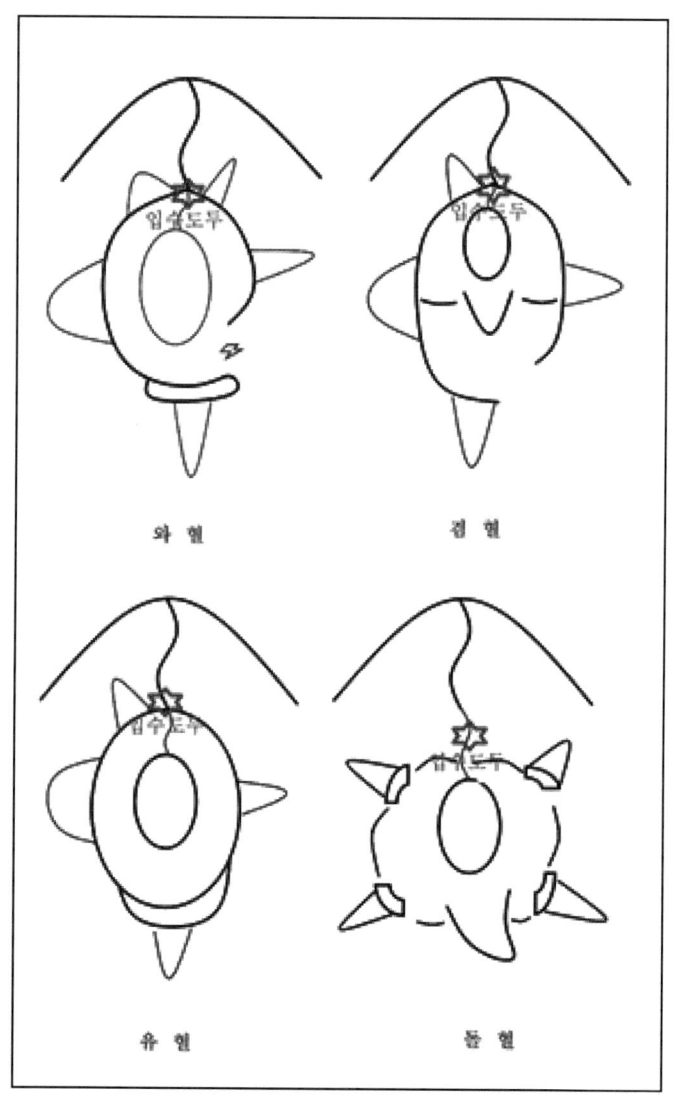

그림35. 혈 사상별 입수의 위치

3. 선익

선익((蟬翼)은 입수에서 좌우로 분맥하여 혈장 좌우를 감싸는 모습으로써 지표상에 나타나는 희미한 흔적(砂)이다. 선익은 매미 날개처럼 생겼다 하여 붙여진 이름이며, 매미 날개처럼 잘 보이지 않기 때문에 많은 현장 수련을 통하여 터득해야 한다. 대개 혈장의 좌우 가장자리나 인공적으로 쌓은 사성을 선익으로 인식하는 경우가 있는데 이렇게 생각해서는 안 된다. 그리고 선익은 혈 사상마다 모두 다르게 나타난다.

선익은 자연 상태의 생지 또는 묘지 조성을 하면서 실혈(失穴)하였을 때는 지표면이 훼손되지 않아 식별이 가능한 경우가 많다. 물론 재혈을 잘하여 정확하게 시신을 집어넣었을 경우에도 선익이 나타날 수 있다. 대개 진짜 선익을 모르다 보니 집묘(集墓)를 하거나 봉분을 크게 만들고 가짜 선익인 사성을 쌓게 됨에 따라 원래의 선익이 훼손된다.

『설심부변와정해』에서는 선익이란 유돌 곁에 생긴 사로서 용호 내에 가볍고 흐릿하면서 착 잘라 붙어 혈을 감싸고 있으며, 마치 매미가 딱딱한 겉 날개와 아래에 또 부드러운 속 날개를 가지고 있는 것과 같아서 선익사라 부르고 있다.[91] 매미의 날개가 속 날개와 겉 날개가 있듯이 선익도 내선익과 외선익으로 나눈다. 내선익은 그냥 선익이라 부르고 외선익은 선익보다 두텁고 넓어 제비 날개를 닮아 연익(燕翼)이라 한다.

선익은 입수에서 갈라져 혈을 감싸는 미미한 사(砂)이고 연익은 내룡이 입수도두에 도착하기 전에 돌기(突起)된 부분에서 갈라져 혈을 감싸 안으며 뻗어 내리는 사(砂)로써 선익보다는 크고 윤곽이 뚜렷하다. 『산법전서』에서는 혈의 좌우에 있는 사를 우각사라 하고 아주 엷은 것을 선익사라고 하는데 만약 우각(牛角)과 선익사가 없다면 진사(眞砂)가 될 수 없음을 밝히고 있다.[92]

---

91)『雪心賦辯訛正解』, "蟬翼者生於乳突之旁藏 於龍虎之內輕薄貼身微茫彎抱 如蟬硬翼之下又有軟翼 故名蟬翼沙."

92)『山法全書』,「釋名部」, "何爲眞砂 兩傍夾穴之微砂曰牛角砂 以其甚薄又曰蟬翼砂也 若無牛角蟬翼 爲無眞砂."

현무정에서 개장천심(開帳穿心)하여 갈라져 내려오는 사는 청룡과 백호가 된다. 천심맥(穿心脈)은 입수룡(入首龍)이 된다. 입수도두에서의 개장하여 갈라진 사는 선익이 되고 천심맥은 입혈맥이 된다. 현무정과 입수도두는 모두 용맥이 진행을 하다가 머리를 들은 곳으로 크기의 차이만 있을 뿐 분맥 질서는 동일하게 나타난다.

현무정에서 용호가 분맥되는 것은 거시적 개장이고, 입수도두에서 선익이 분맥되는 것은 미시적 개장 또는 소개장(小開帳)이다. 혈자리를 만드는 용맥은 개장을 하면서 천심을 하는데 천심맥이 있으면 혈이 맺혀질 가능성이 높다. 선익의 역할은 당판의 좌우측에 붙어서 입수룡으로부터 분수(分水)된 물이 당판 앞에서 합수(合水)가 되도록 돌려주며, 혈을 보호함과 동시에 생기 누설을 방지한다. 선익이 혈에 직접적인 영향을 미친다면 청룡과 백호는 간접적인 역할을 한다.

선익은 혈의 증거이면서 혈 사상 종류를 판단하는 기준이 된다. 그래서 현장 답산에서는 선익 확인을 가장 중시하고 있으며, 현장에서 선익만 찾을 줄 알면 풍수 공부는 수준에 올랐다고 판단한다. 그 외 와혈의 선룡(旋龍) 판단 역시 선익을 기준으로 한다. 청룡이나 백호 또는 좌우의 연익을 기준으로 하여서는 안 된다. 선룡이(旋龍)란 용맥이 우측이나 좌측 한쪽으로 굽어져 돈다는 의미이다.

『인자수지』에서는 입수의 종류를 기본적으로 직룡, 횡룡, 회룡, 비룡, 잠룡 5격으로 나누고 있다(龍之入首 其格有五 曰橫曰直曰回曰飛曰潛是也). 여기에 섬룡입수(閃龍入首) 1격을 추가하여 총 여섯 가지로 구분하고 있다. 입수 6격 중 직룡입수가 있는데 현장에서는 직룡이 혈을 결지한 것을 볼 수가 없었다. 혈이 되려면 'J'자 형태로 틀어야 되기 때문에 직룡입수가 아니라 한쪽의 힘은 강하고 한쪽의 힘은 약한 편룡입수(偏龍入首)가 된다. 즉 한 쪽의 힘으로 용이 좌측 또는 우측으로 틀면서 용(龍) 머리가 혈로 들어가는 것이므로 선룡입수(旋龍入首)라고도 한다.

정룡(正龍)보다는 편룡(偏龍)이 되어야 맥이 돌아간다. 정룡은 양쪽 형태가 고른 용이며, 편룡은 한쪽 부분이 살이 많이 붙게 되고 다른 부분은 상대적으로 살이 적게 붙어 골이 생겨서 굽어진다. 풍수 고전에서는 좌우가 고른 정룡은 길한 것으로 보고 한쪽으로 치우친 편룡은 흉한 것으로 판단하는데 이 부분은 잘못되었다. 양쪽이 고른 용은 돌지 못하고 그대로 진행을 한다. 용맥이 돌아서 멈추지 못하면 기운이 내려가 버리기 때문에 혈이 결지될 수 없다. 혈이 형성되기 위해서는 편룡 또는 선룡의 형태가 되어야 한다.

아래의 그림에서 보는 바와 같이 한쪽에 살이 많이 붙어 있어야 밀어주면서 돌게 된다. 만약 정룡이 되어 양쪽에 힘이 고르게 되어 있으면 자체적으로 틀지 못하고 계속 진행하여 내려간다. 이런 지형은 당연히 결혈이 되지 않는다.

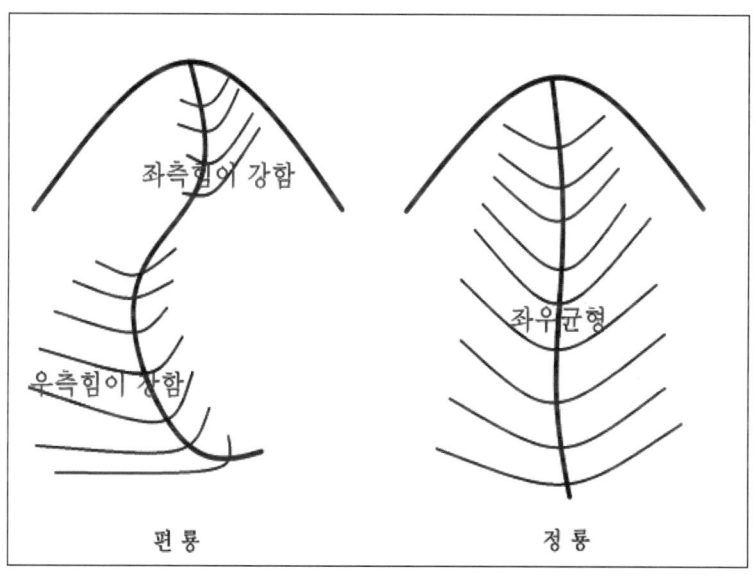

그림36. 편룡과 정룡의 모식도

혈심에서 아주 가깝게 형성된 혈증이 바로 선익이다. 좌우 선익 중 상대적으로 길게 형성된 선익의 외측에 전순이 생성된다. 그래서 왼쪽 선익에 전순이 붙어 있으면 좌선룡, 오른쪽 선익에 전순이 붙어 있으면 우선룡이 된다. 즉 입수에서 전순까지 연결된 것을 보고 선룡을 판단한다.

이러한 기준은 우리나라 지형에서 생성되는 일반적인 선룡의 질서를 보고 정한 것이다. 그러나 안에 있는 선익에서 전순이 형성되고 이로 인하여 바깥 선익이 약간 밀려나는 형태로 혈장이 형성된 경우도 극히 희박하게 나타나고 있다. 이제껏 답산을 많이 다녔지만 딱 한 군데서 그러한 현상이 나타나는 것을 보았다.

경북 칠곡의 광주이씨 입향조인 이지 선생의 묘가 특이한 형태이다. 이 묘지는 짧은 선익에 전순이 붙어 있다 하더라도 긴 선익을 기준으로 선룡을 판단하게 된다. 짧은 선익에서 전순이 발생된 것은 극히 이례적인 현상이므로 풍수 답산 시에는 두 선익 중 오른쪽이 길면 우선룡, 왼쪽이 길면 좌선룡으로 판단하면 된다.

그리고 혈심에 가장 가까이 붙어 있는 선익을 기준으로 한다고 하였으므로 어느 한쪽의 선익이 짧은데 연익이 길다고 하여 연익으로 판단해서는 안 된다. 아래의 그림은 우선룡으로 마무리하여 멈춘 와혈의 예시이다. 이 그림만 이해하면 우선룡, 좌선룡의 판단을 쉽게 할 수 있다.

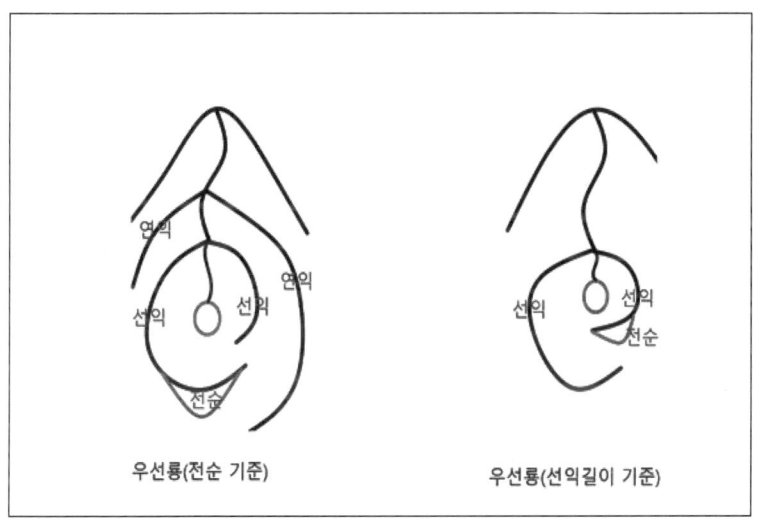

그림37. 선룡 판단의 기준이 되는 선익

위의 좌측 그림은 왼쪽 연익이 길지만 그 안에 있는 긴 선익과 전순을 기준으로 선룡 판단을 하게 된다. 통상 선익과 전순이 붙어 있는 것을 기준으로 선룡 판단을 하지만 만약 우측 그림처럼 짧은 선익에 전순이 붙어 있는 경우에는 긴 선익을 기준으로 선룡을 판단한다. 짧은 선익에 전순이 붙어 있는 경우는 아주 희귀한 사례이므로 선익이 긴 쪽에 전순이 붙어 있다고 판단하면 된다.

선익을 중요하게 여기는 것은 혈을 증명하는 혈의 증거가 될 뿐만 아니라 현장에서는 특히 혈형, 즉 혈의 사상의 종류를 판단하는 기준이 되기 때문이라고 여러 차례 강조하였다. 아래의 그림에서 보는 바와 같이 혈 사상별로 선익의 구조가 모두 다르게 나타난다.

선익이 특이한 혈의 종류는 유혈과 돌혈이다. 유혈은 선익이 보이지 않는다. 선익이 없는 것이 아니라 실제 선익은 있지만 몸체에 감겨 있기 때문에 보이지 않을 뿐이다. 그래서 눈에 보이지 않지만 붙어 있다고 할 수도 있고 또한 없다고도 할 수 있다. 그러다 보니 유혈은 다른 혈보다 토질이 단단하고 지표면이 매끄럽게 나타난다.

돌혈의 경우는 현침사가 선익이 된다. 돌혈은 거북이에 비유할 때 뒤쪽 좌우 현침사는 뒷다리 2개, 앞쪽 좌우 현침사는 앞다리 2개, 머리는 전순이 된다. 돌혈은 꼭 4개의 현침사로만 이

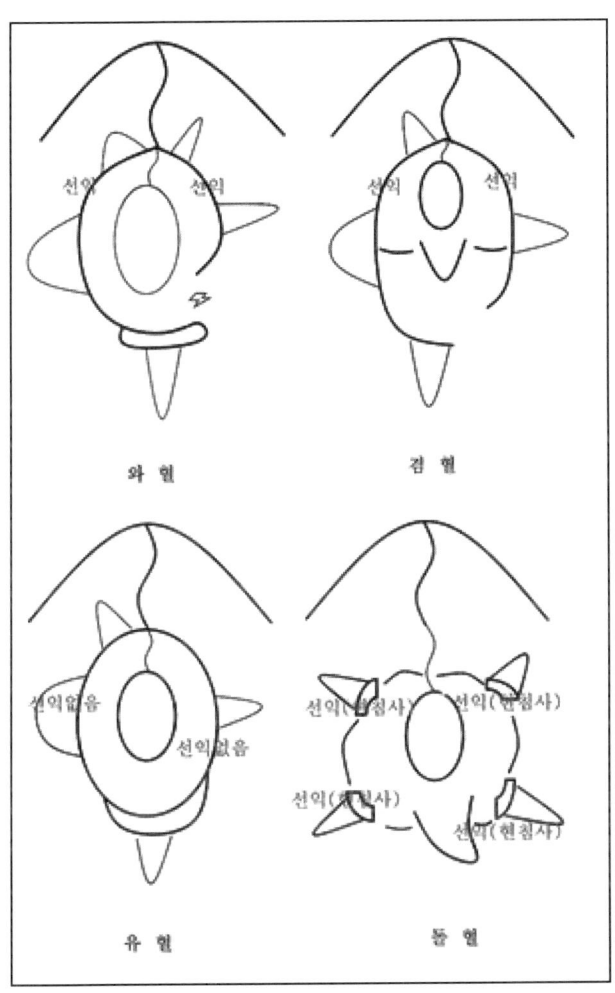

그림38. 혈 사상별 선익

루어진 것이 아니라 3개나 5개도 있을 수 있다. 한쪽의 현침사 1개가 크게 형성되면 이에 균형을 맞추기 위하여 반대편에 작은 현침사 2개나 3개가 받쳐 줄 수도 있기 때문이다. 현침사의 형태는 타탕(拖湯)과 파조(擺燥) 모양으로 붙을 수 있다.

4. 전순

전순((氈脣))은 혈 앞에 두툼하게 나타나 있는 부분이다. 사람의 얼굴에 비유하면 전순은 턱이나 입술과 같은 곳이다. 전순은 혈장의 구성요소 중에서도 혈을 만들기 위한 마지막 마무리 작용을 한다. 전순은 혈 아래에 기운이 드러난 곳으로 큰 것을 전(氈)이라 하고 작은 것을 순(脣)이라 한다.[93]

전순은 혈장의 하단부에서 혈심에서 응축된 기운이 더 이상 내려가지 못하도록 막아서 생기가 그대로 머물도록 하는 역할을 한다. 전순은 혈장의 하단부에 위치하기 때문에 좌선(左旋) 또는 우선(右旋)으로 마무리해야 물을 거수(拒水)할 수 있

---

93) 『人子須知』, 「脣氈證穴」, "脣氈者 穴下餘氣之發露也 大者曰氈 小者曰脣."

다. 용맥이 진처(盡處)에 와서 맥이 뚝 떨어지면서 좌측이나 우측으로 돌게 되면 기운이 멈추면서 지형이 두툼하게 부풀어 오르게 된다. 이것이 전순 생성의 원리이다. 전순 아래서 층을 이루는 형태로 맥이 뚝 떨어지게 되면 기운이 못 내려가고 뒤에서 응기·응축이 된다.

아래의 그림은 혈 사상별 전순의 위치를 나타낸 것이다. 전순의 위치를 보면 와혈은 선익에 전순이 붙어 있고 나머지 겸혈, 유혈, 돌혈은 전순이 혈심(당판) 앞에 붙어 있다. 그리고 와혈과 겸혈을 구분 짓는 기준이 바로 전순이다. 와혈의 경우 전순이 선익에 물려 있고, 겸혈은 선익의 안쪽에 형성되어 있음에 따라 와혈과 겸혈은 전순의 위치에 따라 혈형이 구분되고 있다. 전순을 구슬이라고 가정할 경우 이 구슬을 입술에 물고 있는 형태는 와혈이 되고 구슬을 입속에 머금고 있는 형태는 겸혈이 된다.

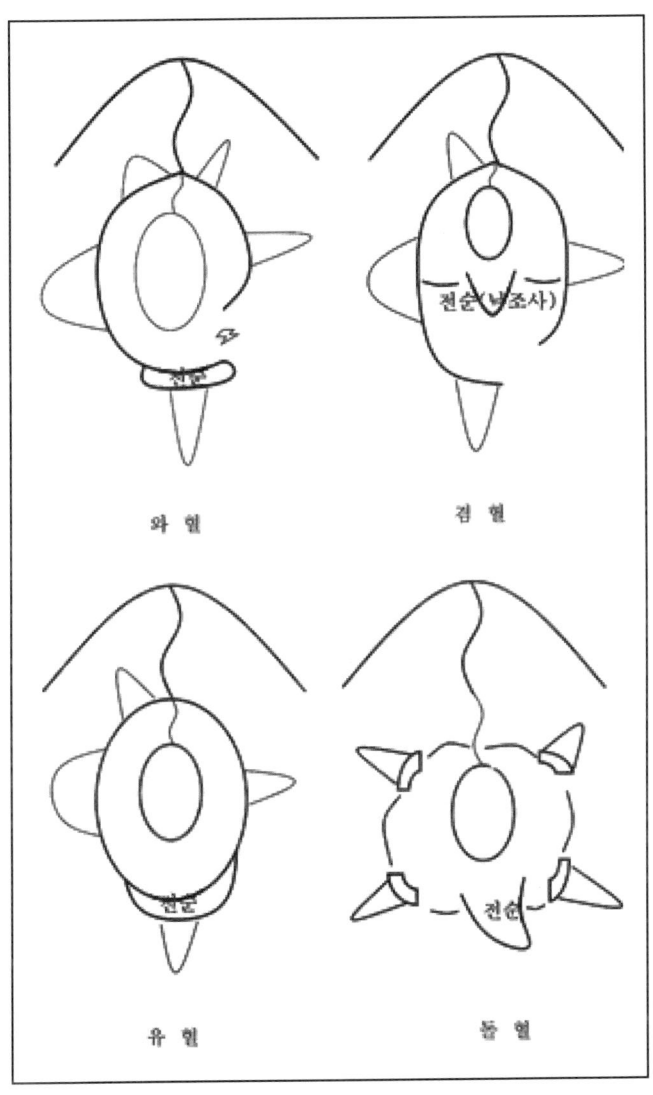

그림39. 혈 사상별 선순의 위치

특히 겸혈은 전순이 대추씨처럼 생겼다고 하여 낙조사(落棗砂)로 부르고 있다. 전순의 경우 와혈처럼 몸(穴心)의 밖에서 전순이 나갔느냐 아니면 겸혈, 유혈, 돌혈처럼 혈심에서 바로 나갔느냐에 따라 기운이 남아서 나가는 여기(餘氣), 기운이 빠져나가는 설기(泄氣)라는 용어가 등장한다.

와혈은 입혈맥을 통하여 들어온 지기가 혈심에서 응기·응축되므로 여기나 설기가 없는 완벽한 혈이 된다. 그러나 겸혈, 유혈, 돌혈은 입혈맥으로 지기가 들어와서 응기·응축되었다가 일부 지기는 전순으로 빠져나간다. 이것이 여기와 설기라는 용어로 표현된다.

여기는 남아 있는 기운이며, 설기는 기가 빠져나간다는 것을 말한다. 결혈(結穴)이 되고 난 뒤 혈에서 응축된 기운의 남는 부분이 일부 나가게 되면 설기라 할 수 있으며, 그 설기된 기운이 나아가 혈장의 요소인 전순을 만들게 되는데 그것을 여기라는 것이 정확한 표현이다. 결혈처에서 기를 모두 거두어들일 수 없는 경우 초과된 기운은 당연히 빠져나가게 된다.

그래서 전순은 여기로 만들어졌다고 할 수 있으므로 여기는 전순을 의미한다. 혈 사상(四象)인 와혈(窩穴), 겸혈(鉗穴), 유혈(乳穴), 돌혈(突穴) 중에서 와혈은 설기가 없다. 왜냐하면 와혈은 혈장 내에서 물이 상분하합(上分下合)되어 혈심으로부터 더 이상 기운이 나갈 수 없기 때문이다.

아래의 그림에서 보는 바와 같이 와혈은 혈에서 나간 기운이 전순을 만드는 것이 아니라 선익의 끝 지점에서 만들어지므로 설기나 여기가 있을 수 없다. 그래서 와혈은 혈의 사상 중에서 가장 완벽한 혈의 형태라 말한다. 이에 비하여 겸혈, 유혈, 돌혈은 혈장 내에서 물이 하합(下合)하지 않기 때문에 혈이 결지된 후에도 남은 힘이 앞으로 나아가 전순을 형성하게 되는 원리다. 여기서 주의할 점은 입수에서 혈심으로 입혈맥이 연결되듯이 혈심에서도 전순으로 맥이 연결되어야 한다. 맥이 연결되지 않으면 기운이 단절되기 때문이다.

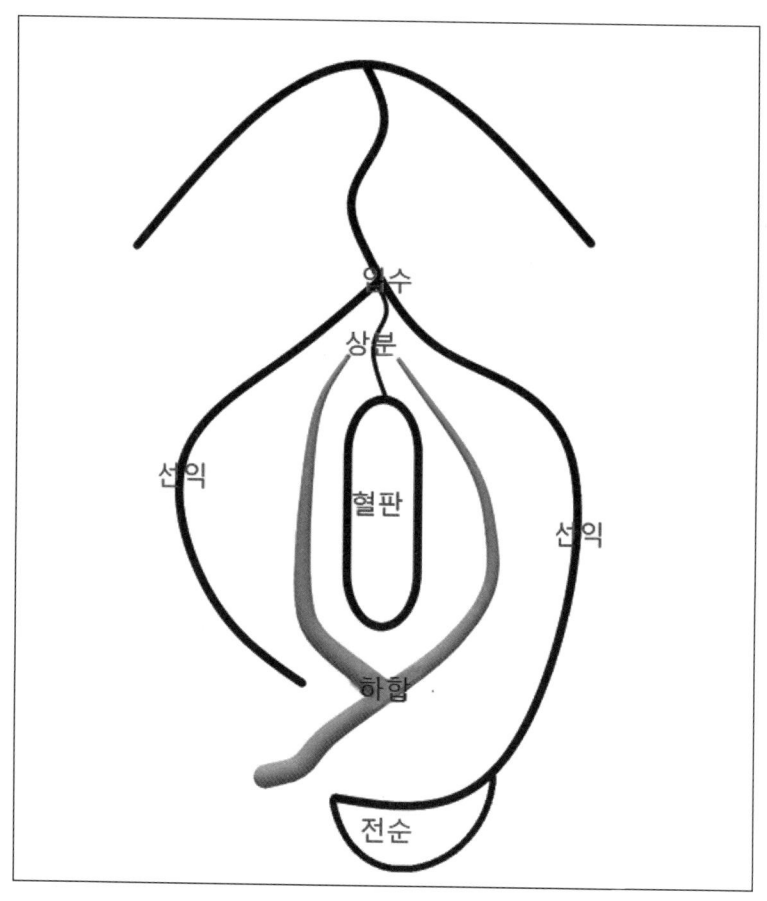

그림40. 와혈(좌선룡)의 전순 위치

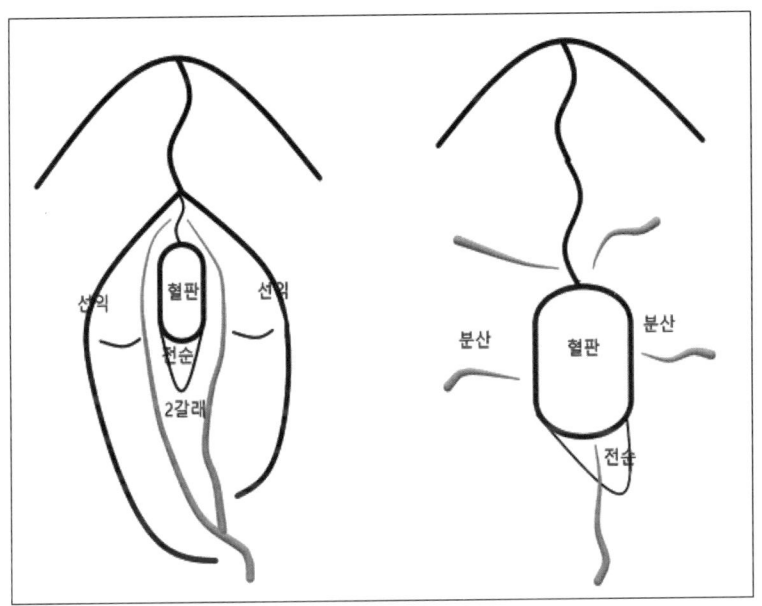

그림41. 겸혈(좌)과 유돌혈(우)의 전순 위치

그러다 보니 와혈은 여기가 없으며, 와혈, 겸혈, 돌혈은 여기가 있다. 겸혈, 돌혈은 여기가 있어야만 혈이 성립될 수 있다. 와혈은 혈 앞에 물이 경계(境界)하기 때문에 설기가 없어서 여기가 없는 것이고, 나머지 세 혈은 혈 앞에 바로 물이 경계하지 않기 때문에 혈 다음에 혈의 남은 기운으로 전순을 만든다. 이 남는 기운이 바로 여기다. 겸혈, 유혈, 돌혈에서 여기가 나간다는

혈 사상별 혈장 재구성 191

것은 돌혈과 유혈은 혈심이 높기 때문에 여러 군데로 물을 흩어주어야 하고 겸혈은 낙조사가 있기 때문에 물길이 두 갈래로 나간다.

　참고로 흙은 물을 만나면 끌려 나가게 되는데 이것을 설기라 한다. 흙이 설기되는 이유는 삼투압(滲透壓)의 원리 때문이다. 설기는 물의 양이 많을수록 그 힘은 강해진다. 토양침식 현상에는 이 삼투압의 원리가 크게 작용하고 있다. 이러한 자연의 질서만 이해하여도 혈을 어느 정도 잡아낼 수 있다.

5. 당판

　당판((當坂)은 혈장의 중심부에서 혈의 가장 바탕이 되는 곳이다. 당판은 혈의 바탕이 된다고 하는 '당처혈판(當處穴坂)'에서 나온 말로서 혈장을 말하며, 혈판(穴坂) 또는 혈장의 중심에 있다고 하여 혈심(穴心), 천심(天心)이라고 해서 혈장의 핵심이 된다. 입수, 선익, 전순을 뺀 혈장의 중심 부분이 당판이 된다. 혈장의 구성요소가 모두 포함된 것을 혈 또는 혈장, 혈판, 당판이라 하기도 하고, 당판만 따로 내어 혈 또는 혈장이라고 혼용해 부르고 있다. 당판 뒤에 입수, 좌우에는 선익, 앞에는 전순이 있어서 사방으로부터 보호를 받는다.

　당판은 혈장의 중심부에 위치하고 있는데 그 모양이 평평한 토형산과 닮아서 혈토(穴土)라고 부른다. 그러나 당판과 혈토는 구분이 된다. 당판의 내부는 혈토로 구성되어 있는데 혈토는 말 그대로 혈에서 나오는 흙이다. 혈토는 천광하여 흙을 파내기 전까지 눈으로 볼 수 없는 지중의 내부 구조적인 요소이다. 혈 토가 토색이나 토질, 흙의 밀도나 습윤 등에 관한 것이라면 당판은 지표상에서 눈으로 확인할 수 있는 외부의 구조적 요소다.

혈이 결지되면 당판에 희미하게 나타나는 둥근 흔적을 태극훈(太極暈) 또는 혈훈(穴暈)으로 부른다. 혈은 생기가 내부에서 응축되었다는 징표(徵標)로서 외부에 타원형의 덩어리로 나타나는 것이며, 마치 달무리처럼 생긴 원형의 테두리가 혈을 감싸고 있는 모습이라서 혈훈이라고 부른다. 훈은 워낙 희미하기 때문에 멀리서 살피면 그림자(象)처럼 보이고 가까이 다가가서 보면 그 형태(形)가 사라진다고 한다.

『지리담자록』에서 "태극이란 태극훈이다. 무릇 혈이 결지되는 곳에서는 반드시 참된 훈이 있다. 혹시 천심이 솟아서 나타나거나 혹은 천심이 들어가서 보조개처럼 생기면 모두 훈이 된다. 그것을 일러 태극이라고 하는데 태극도(太極圖)와 같다. 하나의 테두리가 두루 둥글면서 가운데에 음양을 품고 있는데 그것을 일러 훈이라 한다. 마치 해와 달이 하늘에 있으면 그 주변에 훈이 생겨 형체는 없으나 형상이 있게 된다. 혈성을 이미 얻었으면 반드시 혈훈을 살펴야 하고 이 혈이 있다면 바야흐로 제대로 잡은 것이 된다. 만약 태극훈 위에 또 반월 모양처럼 생긴

것이 두세 번 거듭 나타나게 되면 이를 천륜영(天輪影)이라 하
는데 이는 크게 귀하게 되는 징조로 항상 있는 것은 아니다."⁹⁴⁾
고 하여 태극훈이 진혈의 증거임을 설명하고 있다.

　아래의 그림과 같이 혈 사상별 당판(혈심)은 혈장의 가장 중
심부에 있다. 그래서 혈심이라고 하는데 이 혈심은 혈의 음양에
따라 높낮이를 달리하고 있다. 앞서 입수 부분에서도 설명하였
지만 양혈인 와혈과 겸혈은 혈심이 입수보다 낮게 형성되고 음
혈인 유혈과 돌혈은 혈심이 입수보다 높게 형성된다.

---

94)『地理啖蔗錄』,『穴法』, "太極者太極暈也 凡結穴之處必有眞暈 或天
心湧突 或天心落髇皆暈也 謂之太極者如太極圖 然一圈週員而中含陰
陽 謂之暈也 如日月在天 其旁有暈 無形而有影也 穴星旣得 必審穴暈
必有此穴方眞的 若極暈之上 又有如半月狀者 二三疊見謂之天輪影 此
大貴之徵不常有也."

그림42. 혈 사상별 당판의 위치

그리고 이 당판은 혈의 사상에 따라서도 모양이 다르다. 각 사상별로도 각자 어떠한 형태의 혈격인지에 따라서도 다르게 나타난다. 혈의 4가지 종류만 비교했을 때에는 혈장의 길이는 와혈보다는 겸혈이 길게 형성되고 혈의 높이에 따른 경사도는 유혈보다는 돌혈이 가파르다.

동일한 종류의 혈일지라도 결혈 원리나 결혈 조건은 일치하지만 혈의 모양은 조금씩 달리 나타난다. 예를 들어 돌혈의 경우 『인자수지』에서는 돌혈(突穴)의 형태를 사격(四格)으로 나누고 있는데 이는 대돌(大突), 소돌(小突), 쌍돌(雙突), 삼돌(三突)이다. 대돌과 소돌이 정격(正格)이고 쌍돌과 삼돌은 변격(變格)으로 구분하고 있다.

대돌과 소돌로 구분한 것은 돌혈의 크기에 따라 분류한 것이다. 대돌은 높이 솟고 커야 하며(大突者具突高大也), 소돌은 미미하게 솟아난 것이 소돌이다(小突者微起小突也)라고 하여 대돌과 소돌을 구분하고 있다.

이러한 구분 방법은 돌혈의 크기를 자의적으로 판단할 소지가 높다. 그래서 돌혈의 높이와 혈장 크기(폭)를 함께 고려하여 돌혈의 대소를 판단해야 한다. 현장에서는 혈장의 폭과 지표면으로부터 혈장까지의 높이가 1:1 정도면 대돌이라 하고, 폭과 높이가 1:3 정도면 소돌로 본다.

    이것을 쉽게 표현하자면 아래의 그림과 같이 우리나라의 가마솥 형태와 초등학교 때 많이 보았던 학교종을 생각해 볼 수 있다. 대돌은 가마솥에 비유할 수 있고, 소돌은 학교종에 비유할 수 있다. 더 나아가서 자연에는 소돌과 대돌만 있고 중돌(中突)은 없냐는 것이다. 물론 중돌의 형태도 많이 있다. 기준이 정해져 있지 않기 때문이다. 중돌은 아마 항아리 모양 정도가 될 거 같다.

그림43. 대돌과 소돌 형태

여기에서 제시하는 대돌과 소돌의 구분은 절대적인 기준은 아니다. 풍수 고전 등에서 대돌과 소돌의 구분을 명확하게 해 놓지 않아서 현장 풍수 답산 시 이해의 편의를 돕기 위하여 정리해 놓은 것이다. 이 기준은 상당히 합리성이 있다. 다른 나머지 혈도 마찬가지로 세분화를 해볼 필요가 있다.

예를 들면 상중하 3단계 정도라도 와혈의 경우 횡선(좌선익과 우선익을 연결한 가로선)과 종선(입수와 전순을 연결한 세로선)의 길이에 따라 각각 정와(正窩), 협와(狹窩), 변와(變窩:와혈 결지 후 다시 방맥이 나가서 마무리하는 형태), 겸혈은 혈장의 폭과 길이에 따라 장겸(長鉗), 중겸(中鉗), 단겸(短鉗), 유혈 역시 폭과 길이에 따라 장유(長乳), 중유(中乳), 단유(短乳) 등으로 구분할 수 있다.

지역단체의 답산 행사에 참여해 보면 동일한 혈을 가지고 누구는 대혈이라고 누구는 소혈이라 하는 등 한마디로 중구난방이다. 기준이 없다 보니 그야말로 산은 산대로, 책은 책대로, 사람은 사람대로 가고 있는 '산자산(山自山), 서자서(書自書), 인자인(人自人)'이 될 수밖에 없다.

6. 보조사

　혈이나 사신사를 보호 또는 보조하는 사는 수 없이 많이 존재한다. 이러한 보조사(補助詞)는 혈의 생기(生氣) 누설을 방지하거나 사신사를 보조하기도 한다. 그중 관성(官星), 귀성(鬼星), 요성(曜星), 금성(禽星)은 용맥이나 수구 등에서 용맥의 진행을 변화시키거나 설기를 막아주는 역할을 하고 있다. 그리고 혈에서도 혈장의 구성요소를 보호하거나 보조하는 보조사가 있다.

　일반적으로 관귀금요(官鬼禽曜)는 사신사 등의 용맥에 붙어 있는 보조사로 여기고 있지만 혈장은 사신사의 축소판이라고 하여 혈장에서도 이를 그대로 활용하고 있다. 입수도두는 현무정, 좌측 선익은 청룡, 우측 선익은 백호, 전순은 안산(주작)에 그대로 적용하면 된다. 관성, 귀성, 금성, 요성은 혈장의 구성요소인 입수도두, 혈판, 좌선익, 우선익, 전순 등의 오악과 합쳐서 오악사령(五嶽四靈) 또는 금성을 제외하면 오악삼성(五嶽三星)이라고도 하여 혈이 맺혀 있는지 여부를 증명하는 중요한 증거가 된다.

『인자수지』에서는 "이른바 관귀금요란 진혈의 전후좌우에서 나온 여기의 산이다. 혈 앞에 있는 것은 관성, 혈 뒤에 있는 것은 귀성, 용호 밖의 좌우에 있는 것은 요성, 명당 및 수구에 있는 것은 금성 또는 명요라고 하는데 이들 모두 부귀한 용혈의 증거이다."[95]라고 하므로 금귀관요를 혈장에 적용 시 입수도두 뒤에 붙어 있는 귀성, 좌우선익 밖에 붙어 있는 요성, 전순 앞에 붙어 있는 관성, 혈장 내 소명당의 수구에 나와 있는 금성이 된다. 사신사 국면을 세(勢)로 보고 혈장을 형(形)으로 본다면 혈장의 금귀관요는 상대적으로 사신사 국면에서보다 그 크기가 상당히 작은 형태로 나타난다.

『지리담자록』에서는 이를 좀 더 명확하게 설명하고 있는데

---

95) 『人子須知』, 「官鬼總論」, "所謂官鬼禽曜者 乃眞穴前後左右發露餘氣之山 在前者曰官 在後者曰鬼星 在龍虎外左右者曰曜星 在明堂左右及水口間曰禽星 亦口明曜皆爲富貴龍穴之證也."

혈 뒤는 귀, 안산 뒤는 관, 수구 사이는 금, 청룡과 백호의 팔꿈치 밖에는 요가 있다. 그리고 사의 형태가 대략적으로 갖춰지면 소혈 규모가 되고 여기가 발생되어 드날리면 용맥이 대규모의 국을 형성하게 된다. 무릇 혈이 단지 청룡, 백호, 안산만 갖추고 있고 여기가 드날리지 않으면 소혈일 뿐이다. 관귀금요는 길룡의 여기로서 오묘하여 혈의 귀한 징조라고 하였으며, 또한 금귀관요는 모두 하나의 기이지만 사령(四靈)으로 특별히 나눈다.[96])라고 하였다.

관성 : 관성(官星)은 용호가 혈 앞을 가로질러 혈을 감싸고 있으면 그 바깥쪽에 있는 산으로 배후의 앞쪽 방향으로 산이 뻗어 있다.[97]) 따라서 혈장에서의 관성은 전순 앞부분에 붙어 있는 사(砂)를 말한다. 혈장의 관성은 전순을 보호하며, 전순은 다

---

96) 『地理啖蔗錄』, 「官鬼禽曜」, "在穴後者謂之鬼 在案後者謂之官 在口間者謂之禽 在肘外者謂之曜 水口有石特出 謂之禽星 夫砂形粗具為 小穴之規模 餘氣發揚 乃大龍之局段 凡穴只有龍虎案山 而無餘氣發揚 則小穴而已 官鬼禽曜者 吉龍之餘氣 妙穴之貴徵 總是一氣 特分四靈 官鬼禽曜謂之四靈."

97) 『人子須知』, 「論官星」, "官星者 龍虎橫抱穴外背後有山拖向前去者也."

시 혈의 응축 작용을 하는데 보조를 하고 있다. 관성이 너무 길 거나 짧으면 좋지 않은데 너무 길면 혈장의 기운을 빼앗아가고, 너무 짧으면 기운을 쇠약하게 한다.

귀성 : 귀성(鬼星)은 혈 뒤를 받쳐주면서 뻗어나간 산으로 혈장이 베고 있는 산이다. 귀는 혈 후에서 본신의 기를 분산하여 새게 함으로써 의리를 훔친다고 하여 이름을 귀라고 한다.[98] 혈장에서의 귀성은 입수도두 뒷부분에 붙어 있는 사(砂)를 말한다. 귀성은 입수도두를 보호하며, 내룡맥에서 내려오는 기운을 입수도두에서 응축시키고 또한 입혈맥을 통하여 혈에 지기 공급력을 강화시키는 역할을 한다. 귀성 역시 관성처럼 너무 길거나 짧으면 좋지 않은데 너무 길면 혈장의 기운을 빼앗아 가고, 너무 짧으면 기운을 쇠약하게 한다.

금성 : 금성(禽星)은 수구에 있는 바위를 말한다. 금성이라고 부르는 것은 거북과 물고기가 사는 물속에 있어서 붙인 이름

---

98) 『人子須知』,「論鬼星」, "鬼星者 穴後拖撐之山枕樂穴場者也 (以其穴後分漏本身之氣 故取義于竊而名之曰鬼."

이다.⁹⁹⁾ 혈장에 있어서의 금성은 혈장 내부 소명당의 수구에 위치한 수구사(水口砂)로서 혈의 생기 누설을 막아준다.

  요성 : 요성(曜星)은 역시 용의 귀기가 왕성하여 기운이 새어나와 생긴 산이다.¹⁰⁰⁾ 혈장에 있어서는 선익 바깥에 붙어 있는 사(砂)를 말한다. 본래 요성이란 청룡과 백호 밖에 붙어 있는 것이라고 했는데 혈장에 붙어 있다고 하여 내요성(內曜星)이 된다. 요성은 선익을 보호하며, 선익이 혈의 응축 작용을 강화시키는데 힘을 밀어주어 보태주는 보조 역할을 한다. 한쪽 또는 양쪽 모두에 있을 수 있으며, 모양이 2가지 형태로 나타나고 있다. 즉 타탕(拖湯)과 파조(擺燥)다. 『인자수지』에서는 혈의 사상별로 요성이 좌우에 붙은 모양과 요성의 수를 고려하여 '대요팔격(帶曜八格)'으로 구분하고 있다.¹⁰¹⁾ 요가 바위나 돌로 된 것은 보기 어렵고 토질인 것은 흔히 볼 수 있다¹⁰²⁾고 하였다.

---

99) 『人子須知』, 「論禽星」, "禽星者 水口中之石也 何謂之禽 龜魚生在水中水心."

100) 『人子須知』, 「論曜星」, "曜星者 亦是龍之貴氣旺盛發泄而出者也."

101) 『人子須知』, 「論渦形之穴」.

102) 『地理啖蔗錄』, 「官鬼禽曜」, "曜石體者難遇 曜土質者可求."

요성은 귀성이나 관성과는 달리 길이가 길면 좋은 것으로 보고 있다. 『인자수지』에서는 요가 있다는 것은 귀기가 두루 있다는 것이고 마땅히 길고 커야 한다[103]고 하며, 『지리담자록』에서는 요성이 짧으면 말단 관직을 받고 요성이 길면 지위가 높다[104]고 하였다.

관성, 귀성, 금성, 요성은 혈장의 구성요소인 오악과 합쳐서 오악사령(五嶽四靈) 또는 금성을 제외하면 오악삼성(五嶽三星)이라고도 하여 결혈 여부를 가늠하는 중요한 직·간접적인 혈증이 된다. 그래서 금귀관요는 혈을 최종적으로 가늠하고 혈의 증거가 되는 마지막 척도라고도 말한다.

아래 <그림 44>는 혈의 사상별 관귀금요가 붙은 위치이다. 입수 뒤에 붙은 것은 귀성, 선익 옆에 붙은 것은 요성, 전순 앞에 붙은 것은 관성, 수구사에 있는 사(砂)는 관성이다. 혈 사상 중에서 돌혈의 혈상은 요성을 판단하기가 쉽지 않다. 돌혈은 현침사 자체가 선익인데 이것을 요성이라고 볼 우려가 있으므로 주의가 필요하다.

---

103) 『人子須知』, 「論曜星」, "有曜方有貴氣又宜長大."

104) 『地理啖蔗錄』, 「官鬼禽曜」, "曜短則受職也末 曜長則得位也尊."

그리고 돌혈의 전순 앞에 붙은 것은 현침사가 아니라 관성이다. 돌혈은 봉우리에서 결혈하는 특징을 가지고 있는데 솥이 바로 서서 지탱하려면 발이 필요하다. 그 발이 바로 현침사다. 그러다 보니 관성도 발, 즉 현침사로 볼 수 있으므로 구분해야 한다. 왜냐하면 현침사는 직접적인 혈증인 선익으로 간접적인 혈증인 관성과는 엄연히 혈에서 차지하는 지위와 기능이 다르기 때문이다.

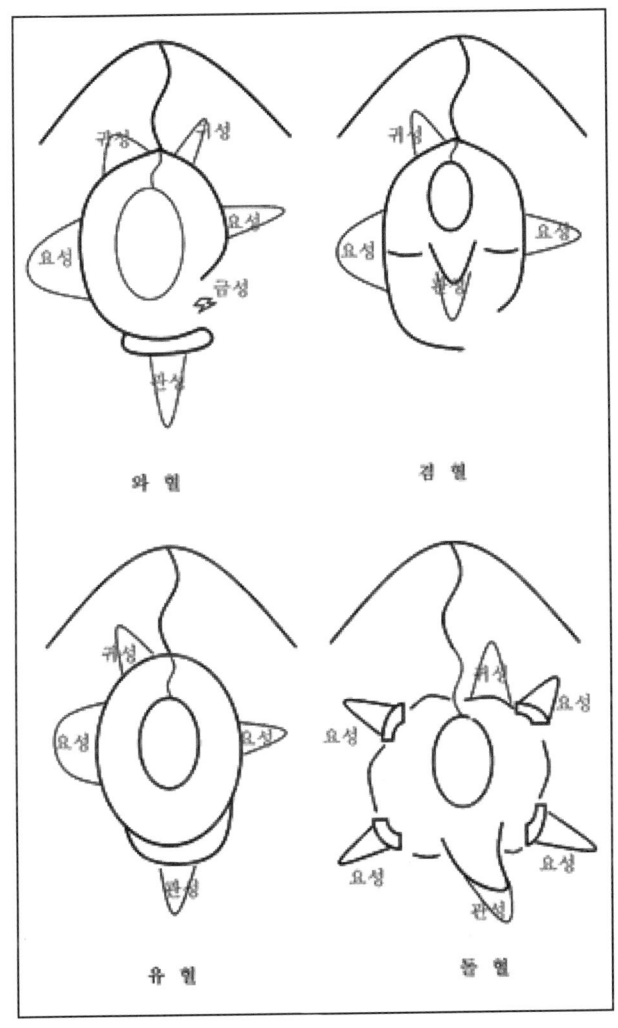

그림44. 혈 사상별 관귀금요

관귀금요는 타탕과 파조 형태가 있으며, 바위나 흙으로 형성되는데 바위 형태가 힘이 강하다. 타탕과 파조는 명나라 때 서선계·서선술이 지은 『인자수지』의 혈론편에 나와 있는 용어이다. 아래의 그림과 같이 파조는 삼각형 모양으로 끝이 뾰족하며, 타탕은 둥글게 붙어 있는 모양이다.

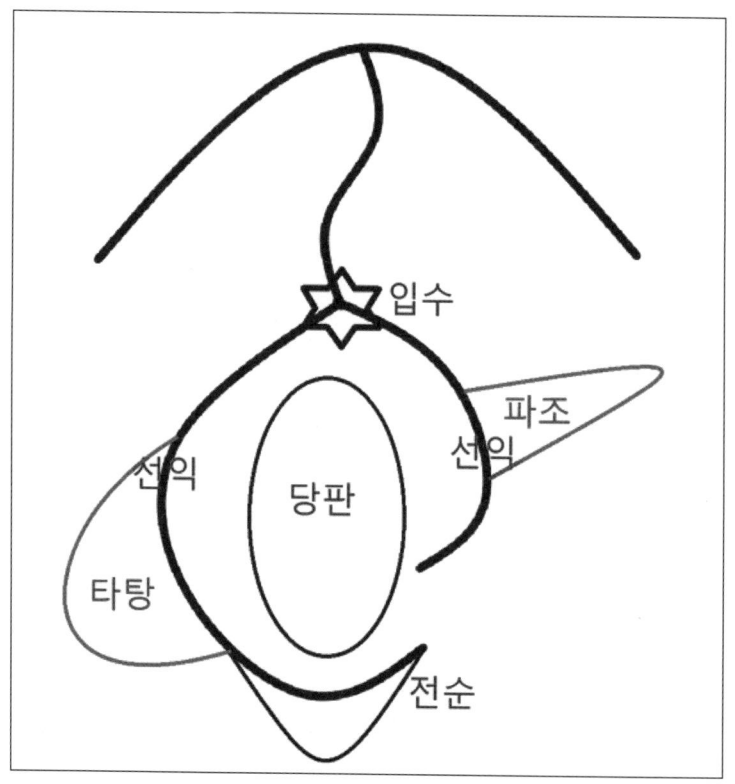

그림45. 와혈 혈장 요성의 타탕과 파조

둥근 형태의 타탕이 파조보다 힘이 강하여 용맥이 돌아가는 굴곡도가 높다. 타탕이 파조보다 상대적으로 미는 힘이 강하다는 뜻이다. 타탕은 100%로 위로 힘을 밀어주지만 파조는 힘을 밀어주고 나서는 그대로 제 갈 길로 가는 것과 같다. 파조가 여러 개 붙어 있으면 중간에는 골이 생기게 되어 상대적으로 타탕보다는 힘의 역량이 적다고 판단하고 있다. 따라서 혈장에는 파조보다 타탕이 붙어 있어야 격이 높다.

풍수 현장에서는 재야 풍수사들이 탁(托)이라는 용어를 쓰는 것을 볼 수 있다. '시울'이 둥글게 돌아가는 선의 형태를 시각적으로 설명한 것이라면 '탁'은 둥글면서 두툼하게 살(흙)이 붙어 있는 실질적인 상태를 말한다. 혈장의 구성요소인 입수도두, 선익, 전순을 받쳐주는 삼성(관성, 귀성, 요성)은 타탕과 파조 두 형태가 있는데 탁은 타탕이 확대된 모양이라고 볼 수 있다. 재야 술사들이 "탁으로 붙었다"하면 혈장 주변에 둥근 형태로 후부하게 살(흙)이 붙어서 받쳐주고 선룡 방향으로 맥을 강하게 밀어주고 있다는 것을 의미한다. 탁이 붙어 있으면 혈장에 기를 응축시키는 힘 역시 강해진다. 현장에서는 혈장에 붙은 귀관요 삼성에 대한 힘의 세기를 판단할 때에는 고전처럼 길이를 보고 판단하는 것이 아니라 생긴 모양(탁>타탕>파조)에 따라 평가를 한다.

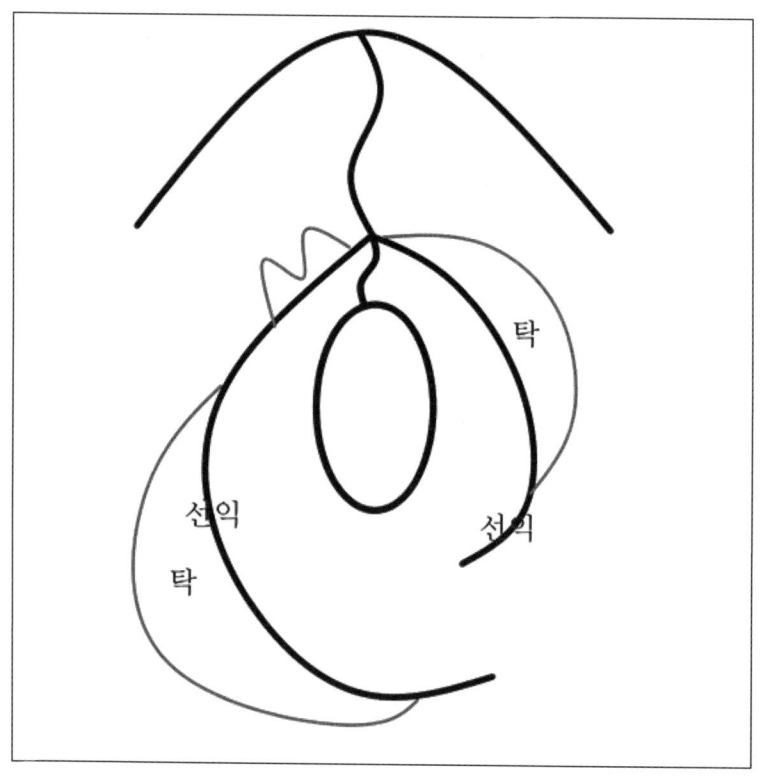

그림45. 와혈 혈장 요성의 탁의 형태

제7장

결론

풍수지리가 중국의 영향을 받아 동아시아 각국으로 전파되었다고는 하지만 나라마다 각기 풍토가 다름에도 불구하고 우리는 중국의 풍수 고전을 그대로 적용하고 있는 것이 현실이다. 그리고 풍수에서 혈이 가장 중요하다는 점을 강조하고 있으면서도 실제 현장답사는 혈장 자체보다 사신사 위주로 살피는 거시적 풍수가 주류를 이루고 있으며, 연구 추세 역시 이것을 크게 벗어나지 못하고 있다.

　따라서 중국의 풍수 고전에만 기대어 땅을 해석할 것이 아니라 한국의 지형에 맞는 혈 이론을 정립할 필요성이 있으므로 우리나라 지형에서 결혈되는 혈의 유형을 사상으로 구분하여 분석하고, 그 혈의 사상별 구조와 특징을 살펴보았다.

　풍수 고전에는 혈을 와겸유돌 사상으로 분리하고 있다. 우리나라 지형에 대하여 현장 답산을 통한 혈 사상별 혈장 구조와 혈장의 생성원리 등을 분석한 결과 중국의 풍수 고전이나 현대 서적에서 제시된 내용과는 여러 가지 차이점이 발견되었으며, 다음과 같은 결론을 얻을 수 있었다.

첫째, 우리나라 지형의 혈 사상은 선익으로 구분할 수 있으며, 둘째, 혈이 형성되려면 혈 사상 모두 용맥이 우선 또는 좌선으로 틀어서 마무리되어야 하며, 셋째, 입수가 들리면서 소개장을 하여 선익사를 좌우로 펼치면 와혈과 겸혈이 되며, 입수에서 소개장 없이 혈장의 제일 높은 곳에 혈이 맺히면 유혈과 돌혈이 형성되며, 넷째, 혈의 사상 중 와혈은 선익이 전순을 만들고, 겸혈, 유혈, 돌혈은 혈의 여기가 전순을 만들기 때문에 전순의 생성원리가 사상 혈 모두에 동일하게 적용되지 않으며, 다섯째, 음혈인 와혈과 겸혈, 양혈인 유혈과 돌혈은 서로 혈장을 구성하는 요소인 입수도두와 전순의 높이가 다르게 나타나며, 여섯째, 와혈은 전순이 선익에 물려 있고, 겸혈은 선익의 안쪽에 형성되므로 와혈과 겸혈은 전순의 위치에 따라 혈형이 구분된다는 것이다.

이러한 연구 결과는 현장 답사를 근거로 우리나라 지형에 맞도록 혈의 사상을 구분하고 혈의 구조와 혈 생성원리나 결혈 조건을 제시하였다는 데 의의가 있다. 앞으로 중국의 풍수 고전에서 제시한 이론을 그대로 수용할 것이 아니라 우리나라 지형에서 나타나는 혈의 사상에 대한 추가적인 연구를 수행함으로써 우리나라 지형에 맞는 풍수 이론체계를 만들어 나가야 한다.

풍수는 직관성과 주관성이 강하기 때문에 자연을 보는 시각이 다르다는 데 대해서는 한계점이 있음을 부정할 수 없다. 그리고 이러한 연구 결과가 일반적인 풍수 이론으로 수용될지 여부에 대하여 논란의 여지가 있을 수 있다. 그렇지만 풍수는 경험이 축적되고 그 축적된 경험의 결과가 이론을 구성하게 되는 경험과학적 학문이다. 이러한 연구들이 쌓임으로써 확고한 풍수 이론으로 정립될 수 있다고 본다.

그동안 혈장 자체를 연구하려는 시도가 많지 않은 가운데 중국의 풍수 고전에 나온 이론을 참고하고 수년에 걸쳐 현장 조사를 토대로 혈장의 해석 기준을 일관성 있게 적용함으로써 나름대로 객관성이 확보되도록 노력하였다. 연구 결과에서 나와 있듯이 우리나라 지형에서는 혈 사상별 특징이나 구조를 이해하여만 제대로 현장을 읽을 수 있다는 점을 다시 한번 강조해 본다.

풍수는 득수가 먼저이고 장풍은 그다음이라고 하였다. 우리나라 지형의 혈 사상에 대한 특징이나 구조, 생성원리 등에 대한 이론이 나왔다면 혈장 내에서의 물흐름 즉 물의 분합에 관한 연구도 요구된다. 이는 혈의 사상별 혈장 구조가 달라지면 물의 분합 역시 달라지기 때문이다. 그리고 혈을 증명하는 구체적인 증혈법 등의 추가적인 연구가 계속 발표됨으로써 한국의 지형에 맞는 정혈법의 새로운 이론체계가 정립되기를 기대해 본다.

참고문헌

1. 풍수고전

　『撼龍經(감룡경)』

　『堪輿漫興(감여만흥)』

　『錦囊經(금낭경)』

　『麻衣相法(마의상법)』

　『發微論(발미론)』

　『山法全書(산법전서)』

　『雪心賦辯訛正解(설심부변와정해)』

　『靈城精義(영성정의)』

　『疑龍經(의룡경)』

　『人子須知(인자수지)』

　『葬法倒杖(장법도장)』

　『葬書(장서)』

　『地理啖蔗錄(지리담자록)』

　『地理新法(지리신법)』

　『地理五訣(지리오결)』

　『地理正宗(지리정종)』.「山龍語類(산룡어류)」

　『地學(지학)』

『靑囊奧語(청낭오어)』
『靑烏經(청오경)』

2. 단행본

김두규(2005).『풍수학 사전』, 비봉출판사.
박시익(2008),『한국의 풍수지리와 건축』, 일빛.
이재영(2020),『穴, 人子須知』, 책과나무.
중국국가계량총국, 김기협 역(1993),『중국도량형도집』, 법인문화사.
최창조(2011).『한국의 자생풍수Ⅰ』, 민음사.
허찬구(2005).『葬書譯註』. 비봉출판사.

3. 논문

박대윤(2016). "세계유산 경주 불교유적의 풍수적 특성 연구, -석굴암, 불국사, 황룡사지를 중심으로 -".『역사와 경계』제101집. 부산경남사학회.

박대윤(2012). "조선시대 국왕태봉의 풍수적 특성 연구". 『한국문화』제59집. 서울대규장각한국학연구원.

박정해(2015). "풍수 혈의 형상과 이론의 역사적 전개, -문헌 고찰을 중심으로-". 『한국학연구』제55집. 고려대학교 한국학연구소.

허영훈(2018). "횡룡입수의 유형별 결혈 특성". 『동방문화와 사상』제5집. 동방문화대학원대학교 동양학연구소.

4. 인터넷 사이트

카카오맵. https://map.kakao.co

백년풍수지리연구소 인터넷 카페. https://cafe.naver.com/acefengshul.

한국지형의
풍수 혈(穴)사상(四象)

펴낸날 | 2024년 2월 15일

펴낸이 | 허영훈

펴낸곳 | 기록연

서울 영등포구 여의서로 43, 917호

전화 | (02)784-1110

이메일 | arumse@naver.com

ISBN 979-11-981652-2-0 03380